# 나의 길, 나의 순례

렌터카로 달린 이스라엘~요르단 순례기

## 나의 길, 나의 순례

**1판 1쇄 발행** 2025년 11월 20일

**지은이** 명광현

**발행인** 장진우
**디자인** 윤석운
**펴낸곳** 호산나(주)
**주소** 경기도 안양시 별말로 123, A909호
**전화** 1644-9154
**홈페이지** www.hosanna.net
**인쇄** 창영프로세스

**가격** 10,000원
**ISBN** 979-11-89851-70-5

- 호산나출판사는 "네 형제를 굳게 하라" (Strengthen your brothers) 는 주님의 말씀을 사명으로 알고, 좋은 도서를 출판하여 성도들에게 유익을 드리는 것을 늘 꿈꾸고 있습니다.
- 호산나출판사는 한몸 사역의 일환으로 진행되고 있습니다.

저자의 허락 없이 전재나 복제 할 수 없습니다.
잘못된 책은 교환해 드립니다.

/ 저자 소개

  성경은 신화가 아닙니다. 이스라엘의 뜨거운 태양과 거친 땅 위에서 펼쳐진 '하나님의 살아있는 역사(Living History of God)'입니다. 그 땅의 지형과 기후, 역사의 흔적들을 따라갈수록 우리는 말씀의 행간에 감추어진 하나님의 마음이 얼마나 넓고 깊은지 더욱 선명하게 깨닫게 됩니다.

  이 귀한 깨달음을 제가 사랑하는 상록수명륜교회 성도님들과 나눌 때, 저는 담임목사로서 가장 큰 기쁨과 소명을 느낍니다. 성도님들의 눈에서 "아!" 하는 깨달음의 탄성이 터져 나오는 순간의 보람은 무엇과도 바꿀 수 없습니다. 생명을 다루는 의사가 끊임없이 최신 의술을 연마하듯, 한 영혼을 섬기는 목회자이기에 그 땅과 역사를 더욱 치열하게 파고들어야 한다고 믿습니다.

  이 책은 그 간절함으로 떠났던 순례의 기록이자, 그 땅에서 다시 새긴 저의 공부 노트입니다. 이 여정을 통해 얻은 은혜와 확신이, 책을 펴는 모든 분의 삶에 귀한 자산이 되기를 소망합니다.

## 프롤로그 "이스탄불 공항, 또 다른 문턱에서"

튀르키예 이스탄불 공항의 거대한 유리창 너머로, 낯선 항공기들이 쉴 새 없이 뜨고 내렸다. 아시아와 유럽을 잇는 이 거대한 관문에서, 12일간 동고동락한 지방회 목사님들과 아쉬운 작별 인사를 나눴다. 이제부터는 아내와 나, 단둘만의 시간이다. 북적이는 인파 속에서 서로의 손을 꼭 잡자, 비로소 우리만의 여정이 시작되었음이 실감 났다. 낯선 활주로 끝에서, 우리는 또 한 번 인생의 새로운 문턱을 넘어서고 있었다.

이번 순례는 조금 특별하게 계획되었다. 사도 바울의 숨결이 깃든 그리스와 튀르키예를 지방회 목사님들과 12일간 순례한 뒤, 아내와 나, 단둘만이 곧바로 성경의 심장부인 이스라엘과 요르단으로 넘어가 8일간의 자유여행을 이어가는 여정이었다. 30년간 쉼 없이 달려온 사역의 길목에서 교회가 허락해 준 귀한 안식년이기에 가능한 계획이었다.

돌이켜보면, 아내와 나의 삶은 늘 '길 위의 여정'이었다.

첫 번째는 '결혼'이라는 이름의 길이었다. 사랑 하나만 믿고 평생의 동행을 약속하며 미지의 세계를 향해 함께 첫발을 내디뎠다. 두근거림과 설렘으로 가득했던 그 출발의 순간이 지금도 눈앞에 선하다.

두 번째 길은 소련이 무너지고 러시아가 개혁과 개방을 맞이하던 시절, 우리는 복음 하나만을 품에 안고 극동의 땅 하바롭스크로 향했던 여정이었다. 모든 것이 불확실했던 그 땅에서 서로의 믿음에 의지해 한 걸음씩 나아갔던 시간은 거친 파도를 헤치는 모험과도 같았다.

세 번째는 낯선 도시 시흥시 은행동에, '꿈이있는교회'를 개척했던 시간이다. 믿음으로 씨앗을 뿌리고, 함께한 이들과 삶을 가꾸며 교회를 세워나갔던 그 시간도 또 하나의 여정이었다.

그리고 이제, 네 번째 여정이 우리 앞에 놓였다. 가이드나 여행사 없이 오직 우리 두 사람의 힘으로, 성경의 땅 이스라엘과 요르단을 직접 운전하며 누비는 길이다. 이 여정은 단순한 지리적 이동이 아니다. 지난 30년의 사역을 정리하며, 다시 다짐하고, 더 깊이 묵상하는 믿음의 순례길이다. 우리는 이제, 그 거룩한 땅의 먼지를 밟으며 우리의 신앙을 다시 묻고, 앞으로의 길을 인도하실 하나님의 음성에 귀 기울이고자 한다.

## 목차

프롤로그: 이스탄불 공항, 또 다른 문턱에서 ·················· 4

**제1부 이스라엘: 약속의 땅을 밟다** ························· 10
제1장 예루살렘, 거룩과 경계의 도시 ····················· 10
1. 거룩한 땅의 첫걸음 ································· 11
2. 경계선 위에 서다 ·································· 16
3. 살아있는 역사를 걷다 ······························ 20

제2장 남쪽으로, 족장들의 땅을 향하여 ················· 30
1. 헤브론: 약속의 땅, 분쟁의 땅 ······················ 31
2. 브엘세바: 광야에 새긴 믿음의 흔적 ················ 37

제3장 광야의 길, 홍해를 향하여 ························ 52
1. 네게브 사막: 시간이 멈춘 땅을 달리다 ············· 53
2. 아라바 광야: 말씀이 살아나는 길 ·················· 57

**제2부 요르단: 약속의 땅, 그 너머를 걷다** ·················· 68
**제4장 붉은 사막, 와디 럼** ································· 68
  1. 국경을 넘어, 광야로 ································· 69
  2. 붉은 사막이 가르쳐준 것들 ··························· 81

**제5장 바위의 도시, 페트라** ································ 94
  1. 잃어버린 도시의 문을 열다 ··························· 95
  2. 왕의 무덤, 사도의 첫걸음 ··························· 111

**제6장 왕의 대로, 경계를 넘어서** ························· 118
  1. 세렛 골짜기: 한 시대의 끝, 새로운 시작 ············· 119
  2. 아르논 골짜기: 두려움을 건너, 은혜를 보다 ········· 125

**제7장 마지막 순례: 요단 동편의 성지들** ················ 134
  1. 마케루스: 욕망의 폐허, 순종의 길을 묻다 ············ 135
  2. 느보산: 밟지 못한 땅, 완성된 순종 ·················· 144
  3. 요단강: 경계선을 넘어 흐르는 은혜 ················· 148
  4. 암만: 순례의 끝, 일상의 위로 ······················ 153

**에필로그: 돌아오는 길, 다시 삶의 자리로** ················160

## "서른 해의 목회, 광야에 서서 길을 묻다"

서른 해 목회의 길 위에서 우리는 문득 걸음을 멈추었습니다. 그리고 남은 길의 방향을 묻기 위해, 처음의 그 길을 다시 걷기로 마음먹었습니다. 예수님께서 걸으셨던 길, 사도 바울이 복음을 전했던 길, 믿음의 조상들이 순례자로 걸었던 바로 그 광야의 길을 다시 걷고 싶었습니다.

그 땅에 발을 디디며 비로소 깨달았습니다. 순례란 단지 유적지를 찾아가는 여행이 아니라, 말씀의 깊이 속으로 걸어 들어가는 내면의 여정임을 말입니다. 무너진 돌무더기 속에서도, 하나님은 여전히 살아있는 말씀과 그분의 역사로 우리를 만나 주셨습니다.

이 책은 그 특별한 여정을 따라 적은 순례의 기록인 동시에, 성경 속 지명과 사건들이 낯설게 느껴졌던 분들도 그 땅의 지리와 역사를 조금 더 가깝고 쉽게 이해하며, 말씀의 깊이를 더하는 작은 안내서가 되기를 바라는 마음으로 썼습니다. 또한 이 글은 지나온 사역에 대한 저의 고백이자, 말씀 앞에서 새롭게 응답하고자 했던 믿음의 흔적이기도 합니다.

무엇보다 이 귀한 시간을 허락해 주신 상록수명륜교회 모든 성도님께 진심으로 감사드립니다. 여러분의 사랑과 기도가 있었기에, 이 길을 무사히 걸을 수 있었습니다. 저는 이 순례를 통해 받은 은혜를, 게으르지 않은 연구와 정직한 말씀 선포로 갚아가겠습니다.

부디 이 책이 누군가에게는 단순한 여행기를 넘어, 삶의 방향을 재정비하고 말씀 앞에 바로 서는 묵상의 시간이 되기를 소망합니다.

하나님께서 우리에게 허락하신 그 길 위로, 이제 당신의 걸음이 이어지기를 기도합니다.

요르단 암만에서 인천으로 돌아오는 비행기 안에서

저자 명광현 목사

# 제1부
# 이스라엘 : 약속의 땅을 밟다

제1장 예루살렘, 거룩과 경계의 도시

## 1. 거룩한 땅의 첫걸음

### 이스라엘로 가는 첫걸음, 공항에서의 긴장

혹시 모를 실수를 피하고자, 이스라엘로 가는 비행기 탑승 게이트 앞에 일찍 도착해 기다리기로 했다. 공항의 소음 속에서 아내와 나는 함께 하나님의 인도를 구하는 기도를 드렸다. 앞으로 펼쳐질 모든 걸음에 하나님의 세밀한 인도하심이 있기를 간절히 구하는 기도였다.

평온함도 잠시, 게이트가 열리기 약 한 시간 전쯤 예상치 못한 긴장감이 감돌기 시작했다. 방탄조끼와 자동소총으로 무장한 경관들이 검색견을 앞세우고 나타나, 탑승객들을 상대로 또 한 번의 보안 검색을 시작한 것이다. 이미 공항 터미널에 들어서며 몇 차례나 까다로운 검색대를 통과했음에도, 무표정한 경관들이 우리의 짐을 다시금 샅샅이 확인하는 모습에 조금 긴장이 됐다. 영화 속 테러 장면이 떠오르며 '혹시 무슨 문제라도 생긴 걸까?' 짧은 순간 많은 생각이 스쳐 지나갔다.

나중에야 알게 된 사실이지만, 이스라엘 텔아비브 벤구리온 국제공항으로 향하는 모든 항공편은 출발지에서부터 세계 최고 수준의 추가 보안 검사를 거치는 것이 원칙이라고 한다. 이스라엘 국적기뿐 아니라, 이스라엘로 취항하는 모든 외국 항공사에 적용되는 철저한 규율이었다.

그들의 경계심은 곧 그 땅의 현실이었고, 우리가 발을 디딜 곳이 얼마나 복잡한 역사와 신앙, 갈등이 뒤얽힌 땅인지를 온몸으로 실감하게 하는 첫 관문인 셈이었다. 눈앞의 현실은 긴장과 불안이었지만, 보이지 않는 약속을 붙들고 나아가야 했던 아브라함의 발걸음. 그 막막한 심정을 아주 조금이나마 헤아릴 수 있었다.

| 승객 | 이스탄불 - 텔아비브<br>이코노미 클래스 |
|---|---|
| GM Mr. GWANGHYUN MYUNG | 수하물 허용량<br>23kg 최대 한도 |
| YJ Ms. YOUNGRUE JUN | 수하물 허용량<br>23kg 최대 한도 |

## 새벽의 벤구리온, 젊음과 긴장이 공존하는 곳

두 시간 남짓한 비행이었지만, 이스탄불에서의 긴장감 탓인지 유독 길게 느껴졌다. 비행기 창밖으로 텔아비브의 불빛이 보이자, 가라앉았던 심장이 다시 뛰기 시작했다. 마침내 약속의 땅에 도착한 것이다.

육중한 동체가 활주로에 닿는 순간, 나는 30여 년 전 소련이 붕괴하던 시절, 아내와 단둘이서 처음 러시아 땅을 밟았을 때의 그 서늘한 긴장감을 다시 떠올렸다. 익숙한 세계를 떠나 미지의 땅에 첫발을 내딛는 설렘과 두려움이 뒤섞인 감각. 창밖으로 보이는 히브리어 글씨와 풍경은, 이곳이 바로 내 신앙의 뿌리이자 성경 역사의 중심임을 온몸으로 말해주고 있었다.

비행기에서 내려 수화물을 찾으러 가는 길은 예상보다 훨씬 길었다. 완만한 경사로를 따라 끝없이 내려가는 동안, 새벽이라는 시간이 무색하게 공항은 인파로 북적였다. 그런데 그 풍경이 사뭇 독특했다. 공항을 가득 메운 이들의 대부분이 놀라울 정도로 젊었다. 이스라엘의 평균 연령이 30대라는 통계가 피부로 와닿는 순간이었다.

다행히 컨베이어 벨트 위에서 우리 캐리어를 금방 찾았고, 복잡한 공항을 어렵지 않게 빠져나올 수 있었다.

## 새벽의 위기
## 러시아어가 만든 기적

새벽 1시, 우리는 예약해 둔 렌터카를 인수하기 위해 공항 청사 한편의 창구로 향했다. 한국에서 꼼꼼히 챙겨온 예약증을 자신 있게 내밀었지만, 돌아온 것은 직원의 무심한 표정과 "시스템에 예약이 없다"라는 차가운 한마디뿐이었다.

순간 머릿속이 하얘졌다. 짧은 영어로 이 복잡한 상황을 어찌 설명하고 바로잡아야 할지 막막했다. 그러나 포기할 수는 없었다. 다른 차량이라도 빌릴 수 있는지 물었지만, 새벽 1시가 넘은 시간이라 "남은 차가 단 한대도 없다"라는 절망적인 대답만 돌아왔다.

결국, 희망 없는 첫 창구를 뒤로하고, 옆에 남은 다른 렌터카 회사로 발걸음을 옮겼다. 하지만 새벽 근무에 지친 탓인지, 직원은 우리의 서툰 영어를 귀찮아하는 기색이 역력했다. 언어의 장벽 앞에서 서로 답답한 실랑이가 이어지던 그때, 그녀의 핸드폰이 울렸다. 놀랍게도 통화 너머로 들려온 것은 귀에 익은 러시아어였다.

통화가 끝나기를 기다렸다가, 나는 조심스레 러시아어로 말을 건넸다.
"즈드라스브이쩨(Здравствуйте 안녕하세요)."
내 입에서 나온 러시아어 인사에, 짜증으로 굳어 있던 그녀의 얼굴이 놀라움과 반가움으로 환하게 바뀌었다.

그녀는 러시아에서 이스라엘로 이주해 온 유대인, 이른바 '알리야(Aliyah 올라감)'를 한 귀환자였다. 과거 이스라엘에 러시아에서 온 알리야 유대인이 2백만 명에 달한다는 기사를 본 기억이 스쳤다.

상황은 극적으로 반전되었다. 나는 나의 딱한 사정을 러시아어로 설명하자, 그녀는 자기 일처럼 나서서 해결책을 찾아주었다. 덕분에, 그 새벽에 기적처럼 단 한 대 남아 있던 소형차를 빌릴 수 있었다.

하나님의 예비하심은 이토록 놀라웠다. 사역의 첫 시작인 선교지 러시아에서 복음을 전하기 위해 배웠던 언어가, 30년의 세월을 뛰어넘어 이 낯선 땅에서 다음 여정의 문을 열어줄 열쇠가 될 줄은 정말 상상도 못 했다. "하나님께서 내게 허락한 시간은 절대로 나에게 손해남이 없다"라는 진리를 다시 한번 온몸으로 확인하는 순간이었다.

우리는 마침내 주차장에서 차를 타고 첫 숙소를 향해, 이스라엘에서의 첫 새벽길을 달릴 수 있었다.

## 2. 경계선 위에 서다

### 너무나 인간적인
### 순례의 시작

텔아비브의 평지를 벗어나 예루살렘으로 향하는 고속도로에 오르자, 차는 서서히 고도를 높여갔다. 성경에서 늘 '예루살렘으로 올라간다'라고 표현했던 그 의미를 온몸으로 체감하는 순간이었다. 도로 표지판에 'Jerusalem(예루살렘)'이라는 표지판이 보일 때마다 가슴이 벅차게 뛰어올랐다.

그러나 그 거룩한 감격도 잠시, '세상에서 가장 무거운 것이 눈꺼풀'이라는 말을 증명하듯 졸음이 천근의 무게로 나를 짓눌렀다. 영혼은 시온의 대로를 향해 감격하고 있는데, 육신은 속절없이 무너져 내리고 있었다.

곁에 앉은 아내의 얼굴에 스치는 실망감을 보았지만, 이미 쏟아지는 졸음을 이겨낼 재간이 없었다. 결국 몇 번의 신호 위반과 내비게이션의 길 안내를 놓치는 실수가 이어진 후에야, 보다 못한 아내가 운전대를 넘겨받았다. 나는 조수석으로 자리를 옮기자마자 그대로 깊은 잠에 빠져들었다.

얼마나 지났을까. 아내가 나를 깨워 겨우 눈을 떴을 때, 차는 칠흑 같은 어둠에 잠긴 어느 도로변 어두컴컴한 호텔 앞에 멈춰 서 있었다.

## 사진 너머의 현실,
## 동예루살렘

호텔에 도착한 순간, 한국에서 인터넷 사진으로 보았던 기대는 산산조각이 났다. 깔끔한 외관은 간데없고, 우리를 맞이한 것은 주차장도 없고, 도로변에 주차할 공간도 없는 골목길이었다.

하지만 우리를 더 불안하게 만든 것은 창밖의 풍경이었다. 길게 수염을 기른 남자들, 하얀 터번이나 히잡을 두른 여성들, 낯선 복장의 무슬림들이 우리의 조그만 차 옆을 쉴 새 없이 지나쳤다. 이들은 우리가 '예루살렘 성전'이라 부르는 곳, 이슬람의 황금사원으로 향하는 길이었다. 그제야 우리는 깨달았다. 우리가 예약한 호텔은 유대인들이 거주하는 서예루살렘이 아닌, 팔레스타인 사람들이 살아가는 동예루살렘 한복판이었다는 사실을. 우리는 같은 공간을 전혀 다른 이름과 역사로 부르는, 보이지 않는 경계선 위에 서 있었다.

재빠르게 호텔 로비로 향했지만, 로비는 경비실에 가까웠고, 노인 한 분이 무표정하게 말했다. "우린 주차장이 없소. 길가에 세우되, 자리가 없으면 사설 주차장을 이용하시오. 그곳은 밤에 문을 닫고 아침 6시에 열지." 그때, 렌터카 직원이 "예루살렘 외곽, 팔레스타인 자치 구역에 들어가면 보험이 적용되지 않으니 절대 가지 말라"고 신신당부했던 말이 생각이 났다. 등줄기에 식은땀이 흘렀다. 우리는 사고라도 나면 모든 것을 책임져야 하는 바로 그 땅 한복판에 서 있었다.

선택의 여지가 없었다. 우선 길가에 차를 대고, 그리스와 튀르키예의 여정이 고스란히 담긴 무거운 캐리어 두 개와 배낭을 짊어졌다. 엘리베이터도 없는 낡은 건물을 끙끙대며 3층까지 짐을 옮겼다. 학교 기숙사 같은 단칸방에 아내를 들여보낸 뒤, 나는 다시 차가 있는 어두운 골목으로 급히 내려왔다.

차 안에서 하염없이 밖을 바라보았다. 새벽 기도를 위해 황금사원으로 향하는 무슬림의 행렬은 끊이지 않았다. 그들의 발걸음 소리를 배경 삼아, 나는 차 안에서 홀로 찬양을 불렀다. 시편 130편의 저자는 파수꾼이 아침을 기다림보다 주를 더 기다린다고 고백했는데, 나 역시 그만큼 간절하게 아침 6시가 오기만을 기다렸다.

마침내 아침 6시. 나는 약 3킬로미터 떨어진 사설 주차장으로 차를 몰았다. 주차를 마치고 호텔로 돌아오는 길, 이번에는 새벽 기도를 마치고 돌아오는 무슬림의 거대한 물결과 마주쳤다. 표정 없는 그들 사이를 조용히 헤치며 걷는 그 길은 유난히 길게 느껴졌다. 그렇게 예루살렘에서의 진짜 첫날이 시작되고 있었다.

## 이스라엘 첫 아침,
## 공동묘지 옆에서 맞이한 하루

아침 9시쯤, 아내와 나는 거의 동시에 눈을 떴다. 피곤함에 깊이 잠들었던 우리를 깨운 것은 알람 소리가 아니었다. 창밖에서 들려오는 사람들의 웅성거림과 흙을 파는 삽질 소리였다.

무슨 일인가 싶어 서둘러 창가로 다가가 커튼을 걷었다. 그 순간, 우리는 깜짝 놀랐다. 창문 바로 아래, 몇몇 사람들이 무덤을 파며 장례를 준비하고 있었다.

그제야 모든 조각이 맞춰졌다. 내가 한국에서 예약한 곳은 그저 '예루살렘의 값싼 호텔'이 아니었다. 팔레스타인 자치 정부의 영향력 아래 있는 동예루살렘, 그중에서도 비유대인들이 모여 사는 지역의 낡은 별

두 개짜리 호텔, 그리고 창밖으로 펼쳐진 풍경은 다름 아닌, 이슬람 공동묘지였다.

우리는 이스라엘에서의 첫 아침을, 한 무슬림의 장례식과 함께 시작하고 있었다.

## 3. 살아있는 역사를 걷다

### 예루살렘에서 만난
### K-처치의 기억

금요일의 예루살렘은 보이지 않는 시계추에 쫓기듯 분주하다. 해가 지면 안식일, '샤밧(Shabbat)'이 시작되어 도시 전체가 멈추기 때문이다. 상점은 문을 닫고 대중교통은 끊긴다. 우리 같은 순례객에게는 허락된 시간이 얼마 남지 않았다는 뜻이다.

차 안에서 빵과 커피로 급히 아침을 때우며 서둘러 길을 나섰다. 샤밧이 시작되기 전인 오후 3시면 문을 닫는 히스기야 터널과 헤브론의 막벨라 굴을 오늘 안에 모두 방문해야 했다. 낡은 호텔 3층에서 무거운 캐리어를 끌고 내려와 차에 싣고, 예루살렘 성벽을 오른편에 둔 채 기드론 골짜기를 가로질렀다. 이윽고 감람산(Mount of Olives)이 눈앞에 나타났다.

문득 몇 해 전, 지방회 순례에서 경험했던 감람산의 기억이 생생하게 되살아났다. 예수님의 가시면류관을 만든 가시나무(Ziziphus spina-christi)의 날카로움. "사람의 뼈까지도 꿰뚫는다"라는 가이드 목사님의 설명에 주님의 고통이 아리게 전해졌던 순간. 피땀 흘려 기도하셨던 겟세마네(Gethsemane, 기름 짜는 틀) 동산에 역사의 증인처럼 서 있던 2천 년의 세월을 온몸으로 견뎌낸 올리브나무들의 모습까지도.

그날의 기억을 떠올리며 우리는 잠시 차를 세워 이 풍경을 다시 한번 사진에 담았다. 그때 우리처럼 감람산을 카메라에 담던 영국인 부부가 말을 걸어왔다. 우리가 한국에서 왔다고 하자, 남편분이 반가운 얼굴로 오래전 헝가리 부다페스트에서 열렸던 조용기 목사님의 부흥 집회에 참석한 적이 있다고 했다. 그는 한국 교회의 뜨거운 열정과 믿음에 깊은 감동을 받았다고 덧붙였다.

그의 말을 들으며 문득 이런 생각이 스쳤다. 오늘날 세계를 휩쓰는 K팝, K드라마, K푸드라는 화려한 물결 이전에, 세상에 '코리아'라는 이름을 가장 먼저, 그리고 가장 뜨겁게 알린 것은 바로 'K-처치(K-Church)'가 아니었을까. 예루살렘의 감람산 앞에서 만난 이방인의 입을 통해, 나는 우리 믿음의 선배들이 뿌려놓은 자랑스러운 유산을 다시금 확인할 수 있었다

## 작은 차, 큰 은혜

우리가 렌트한 차는 한국에서도 가장 작은 경차에 속하는 기아 '모닝'이었다. 유럽에서는 '피칸토'라는 이름으로 불리는 모델이다.

우리는 작은 이 차를 몰고 히스기야 터널이 있는 실로암 마을로 향했다. 예루살렘 성벽 바로 아래에 있는 그곳의 길은, 상상 이상으로 좁았다. 양쪽 담벼락에 사이드미러가 닿을 듯 아슬아슬하게 골목으로 들어서는 순간, 우리는 깨달았다. 하나님께서 왜 그날 새벽, 우리에게 이 한 대 남은 작은 차를 허락하셨는지를 말이다.

차가 조금이라도 더 컸다면 좁은 골목길을 지나다 접촉 사고를 내거나, 주차 공간을 찾지 못해 헤맸을지 모른다. 하지만, 이 작은 '모닝' 덕분에 우리는 복잡한 골목길을 무사히 통과했고, 기적처럼 나타난 작은 틈에 순조롭게 주차까지 마칠 수 있었다.

하나님께서는 우리의 계획이 틀어지는 그 순간에도 가장 완벽한 길을 예비하고 계셨다. 인간의 눈에는 불만과 문제로 보이는 상황이, 실은 우리를 위한 가장 큰 배려이자 은혜일 수 있다는 사실을 우리는 예루살렘의 좁은 골목길에서 배웠다. 모든 것이 그분의 은혜였다.

## 히스기야 터널, 바위를 뚫은 믿음의 물줄기

유다 왕국의 히스기야 왕 시절, 중동을 제패했던 앗수르 제국의 강력한 왕 산헤립이 20만 대군을 이끌고 예루살렘으로 진격해 왔다. 이미 북이스라엘을 멸망시킨 무자비한 정복자 앞에서, 성은 포위될 절체절명의 위기에 놓였다.

이때 히스기야 왕은 절망적인 상황 앞에서 믿음과 지혜로 위기를 정면 돌파했다. 가장 시급한 문제는 백성의 생명수인 '물'이었다. 예루살렘의 유일한 수원지인 기혼 샘은 성벽 밖에 있었기에, 성이 포위되면 백성들은 속수무책으로 항복할 수밖에 없었다.

히스기야는 기혼 샘의 물줄기를 성안으로 끌어들이기 위해, 단단한 바위산을 뚫어 실로암 연못까지 이어지는 지하 수로를 건설하도록 명령했다. 이것이 오늘날의 '히스기야 터널'이다.

총 길이 무려 533미터. GPS는커녕 현대적인 측량 장비 하나 없던 시절, 두 개의 작업팀이 바위산 양쪽에서 오직 정과 망치만으로 단단한 암반을 파 들여와 터널 중간에서 정확히 만난 것은 기적이었다. 1880년 터널 안에서 발견된 '실로암 비문'은, 터널이 관통되던 순간 서로 얼싸안았던 일꾼들의 벅찬 감격을 생생히 전하고 있다.

히스기야 터널은 절망의 때에 하나님을 신뢰하며 지혜롭게 행동한 '믿음의 증거'였다. 역대하 32장은 당시의 상황을 이렇게 기록하고 있다. "이 히스기야가 또 기혼의 윗샘물을 막아 그 아래로부터 다윗 성 서쪽으로 곧게 끌어들였으니 히스기야가 그의 모든 일에 형통하였더라."(역대하 32:30)

그 어둡고 차가운 터널을 아내와 함께 걸으며, 우리는 2,700년 전 이스라엘 백성들이 느꼈을 고통과 희생, 그리고 마침내 물줄기를 보았을 때의 감격을 헤아려 보았다. 훗날 예수님께서 날 때부터 맹인이었던 사람에게 "실로암 못에 가서 씻으라." 명하시며 눈을 뜨게 하신 바로 그곳 실로암 연못에 손을 담그며, 우리는 구약의 믿음과 신약의 은혜가 만나는 깊은 감동을 느낄 수 있었다.

어느덧 시간이 흘러 문 닫을 시간이 다가왔다. 연못 한편에서는 한 랍

비가 경건하게 몸을 씻을 준비를 하고 있었다. 그는 이제 문을 닫아야 한다며 우리에게 부드럽게 양해를 구했고, 우리는 발걸음을 옮겼다.

연못을 떠나며, 우리는 대제국 앗수르에 당당히 맞섰던 히스기야 왕. 그의 믿음이 바위를 뚫고 생명의 물줄기를 만들었듯, 흔들리지 않는 믿음은 하나님의 정확한 기적을 끌어낸다는 사실을 다시 한번 깨달았다.

## 낯선 시장에서 만난
## 따뜻한 인연

히스기야 터널을 돌아본 후, 우리는 다음 목적지인 헤브론과 브엘세바로 향하기 전 허기를 채우기로 했다. 제대로 된 식사가 필요하다는 생각에 현지 시장에 들렀다.

주차장에 차를 세우고 북적이는 시장 안으로 들어서자, 생소한 먹거리와 활기찬 사람들이 우리를 반기는 듯했다. 그러다 유독 긴 줄이 늘어선 빵집 하나가 눈에 들어왔다. "여기가 맛집인가 봐요." 아내가 웃으며 말했고, 우리도 자연스레 그 줄의 끝에 섰다. 바로 그때였다. 우리 앞에 서 있던 한 사람과 눈이 마주쳤는데, 어딘가 낯익은 분위기였다. 혹시나 하는 마음에 먼저 말을 건넸다.

"한국 분이신가요?"

그분은 반가운 미소와 함께 고개를 끄덕였다. 낯선 땅에서 모국어를 나눌 수 있다는 것만으로도 큰 반가움이었다. 짧게 인사를 나누고 우리가 계산하려는데, 그분이 먼저 우리 몫까지 계산을 했다.

"먼 길 오셨으니, 제가 대접하는 셈 칠게요."

짧은 만남 후 헤어졌지만, 그분의 호의는 오래도록 마음에 남을 선물이 됐다. 그 빵은 단지 허기를 채우는 음식이 아니었다. 순례자의 길에서 만난 하나님의 또 다른 위로였다. 브엘세바의 광야로 향하는 길 위에서, 우리는 그 따뜻한 인연을 곱씹으며 감사를 나누었다.

## 유대인의 안식일과
## 빵집의 의미

차로 돌아가는 길, 나는 조금 전의 빵집 앞의 긴 줄을 다시 생각했다.

처음에는 그저 소문난 맛집이라 여겼다. 하지만 곰곰이 생각해 보니, 그 긴 줄은 단지 맛 때문만은 아니었다. 그것은 수천 년 된 약속을 지키려는 경건한 행렬이었다.

유대인들은 안식일에는 일하지 않고 온전히 쉬기 위해, 금요일에 미리 두 배의 양식을 준비한다. 이는 출애굽 당시 광야에서, 안식일 전날에는 두 배의 만나가 내렸다는 성경 말씀에서 유래한 전통이다. (출애굽기 16:22)

그 사실을 깨닫는 순간, 차 안에서 빵을 베어 무는 우리의 식사는 더 이상 단순한 요기가 아니었다. 우리는 수천 년을 이어온 신앙의 기억을 맛보고, 이 땅의 역사를 먹고 있었다. 그들의 믿음을 잠시나마 나누는 거룩한 경험이었다.

우리는 그 깊은 의미를 되새기며, 또 다른 성경의 땅 헤브론을 향해 차를 몰았다.

# 제 1 부
# 이스라엘 :
# 약속의 땅을 밟다

제2장 남쪽으로, 족장들의 땅을 향하여

## 1. 헤브론: 약속의 땅, 분쟁의 땅

### 이스라엘 들판의
### 노란 겨자꽃과 침묵의 광야

3월의 이스라엘 들판은 참으로 아름다웠다. 예루살렘에서 헤브론으로 향하는 길은 온통 노란 물결로 뒤덮여 있었다. 예수님께서 천국을 비유하셨던 바로 그 겨자씨가(마태복음 13:31) 이 땅의 봄을 알리며 만개한 것이다.

차량 통행이 뜸한 좁은 도로 양옆으로 끝없이 펼쳐진 노란 물결은 정말 아름다웠다. 우리는 초행길의 두려움도 잊은 채 감탄하며 계속해서 헤브론을 향해 달렸다.

남쪽으로 계속 달리던 중, 풍경은 돌연 그 모습을 바꾸었다. 참으로 대단한 광경의 유대 광야(Judean Wilderness)의 모습이 눈 앞에 펼쳐진 것이다. 장엄하면서도 숨을 죽이고 있는 듯한 그 유대 광야의 모습에, 우리는 다음 목적지도 잊은 채 갓길에 차를 세우고, 한참을 말없이 그 침묵의 광야를 바라보았다.

이곳은 단순한 광야가 아니었다. 다윗이 사울 왕을 피해 숨어다녔고, 예수님께서 40일간 마귀에게 시험받으셨던 거룩한 무대였다. 그리고 믿음의 조상들이 머물며 하나님의 음성을 들었던 거룩한 장소였다. 바

로 이곳에서 이스라엘이 역사는 시작되었고 믿음은 단련되었다. 바로 그곳에, 지금 우리가 서 있었다!

## 헤브론으로 가는 길의 우여곡절

헤브론으로 향하던 길, 뜻밖의 일이 벌어졌다. 구글 내비게이션이 어느 순간부터 우리를 잘못된 길로 안내하기 시작한 것이다. 방향을 돌려 다시 길을 찾아가던 중, 더욱 당혹스러운 일이 벌어졌다. 이번에는 내비게이션이 우리를 이스라엘군의 병영 안으로 인도해 버렸다.

갑작스러운 외부 차량의 등장에 군인들은 놀란 눈으로 우리를 바라보

앉고, 우리는 당황한 채 손짓으로 미안함을 표하며 서둘러 차를 돌려 나왔다.

헤브론은 그런 곳이었다. 팔레스타인 영토 한가운데 유대인 정착촌이 자리한, 세계에서 가장 첨예한 분쟁 지역 중 하나다. 도시는 팔레스타인 자치 정부가 관할하는 H1 구역과 유대인 정착촌 보호를 위해 이스라엘군이 직접 통제하는 H2 구역으로 나뉘어 있다. 도로 곳곳에는 검문소가 있었고, 약 100미터 간격으로 총을 든 군인들이 경계를 서는 모습을 쉽게 볼 수 있었다.

하지만 그 긴장감 속에서도 우리가 한국에서 온 순례객임을 알게 된 병사들은 비교적 친절하게 길을 안내해 주었고, 그들의 도움 덕분에 우리는 마침내 헤브론의 심장부인 막벨라 굴(Cave of Machpelah)에 도착할 수 있었다.

## 막벨라 굴, 믿음의 조상들이 잠든 곳

막벨라 굴은 거대한 성채와 같았다. 2천 년 전 헤롯 대왕이 세운 육중한 외벽이 세월의 무게를 견디며 서 있었지만, 이곳의 진짜 의미는 저 벽 아래 깊은 동굴 속에 잠들어 있었다.

유대인에게 이곳은 예루살렘 성전 다음으로 거룩한 땅이다. 아브라함이 가나안 땅에서 값을 치르고 정당하게 소유권을 얻은 최초의 땅이기 때문이다. 창세기 23장은 아내 사라가 죽자, 그가 헷 족속에게서 은 사백 세겔을 주고 밭과 동굴을 사는 과정을 상세히 기록한다. 이것은 단순한 부동산 거래가 아니었다. 훗날 이스라엘 민족이 소유할 약속의 땅 전체에 대한 '계약금'과도 같은 믿음의 선언이었다.

그 동굴에 아브라함과 사라는 물론, 이삭과 리브가, 야곱과 레아가 묻혔다. (야곱의 사랑하는 아내 라헬은 베들레헴 길에 묻혔다.) 그런 점에서 막벨라 굴은 이스라엘 민족의 조상이 잠든 유적지를 넘어, 유대인들에게 자신의 정체성과 신앙의 뿌리를 확인시켜 주는 성소(聖所)와도 같은 곳이다.

## 막벨라 굴,
## 감동적인 순간

감격스러운 마음으로 막벨라 굴로 향했지만, 우리는 막상 입구를 찾지 못해 헤매고 있었다. 그때 한 팔레스타인 여인이 손가락으로 한쪽을 가리키며 길을 알려주었다.

그녀가 가리킨 곳에는 이스라엘 군인들이 지키는 검문소가 있었다. 군인들은 어느 나라에서 왔냐고 물었고, 한국에서 왔다고 하자 웃으며 종교가 무엇이냐고 물었다. 우리가 기독교인이라고 대답하자, 공항 보안 검색에서처럼 간단히 짐을 검사한 뒤 '덜컹' 소리를 내며 무거운 철문을 열어주었다. 우리는 지하철 개찰구처럼 생긴 차가운 회전식 문을 통과해 계단을 올랐다.

계단을 오르자마자, 마주한 표지판 앞에서, 나는 눈물이 핑 도는 것을 느꼈다. 그곳에는 '아브라함의 묘(Tomb of Abraham)'라는 글씨와 함께, 푸른 천으로 덮인 반원 아치 모양의 관이 놓여 있었다. 저 안에 우리의 믿음의 조상 아브라함이 잠들어 있다는 생각에 순간 숨이 멎는 듯했고, 벅찬 감정에 가슴이 세차게 뛰었다. 옆에 선 아내도 같은 마음인 듯했다.

나중에야 그 관이 실제 유해가 안치된 곳이 아닌, 지하 동굴 위에 세워진 가묘(Cenotaph)라는 사실을 알게 되었다. 하지만 그 사실이 처음의 감동을 조금도 깎아내리지는 못했다. 오히려 그 육중한 관은 아브라함이라는 존재와 그 믿음의 무게를 고스란히 품고 있는 듯했다. 그 옆으로 사라의 묘, 레아의 묘, 그리고 야곱의 묘가 차례로 자리하고 있었다.

이삭과 리브가의 묘는 벽 너머 이슬람 구역에 있어 표지판으로만 위치를 확인할 수 있었다. 한 유대인 남성이 벽에 기대 눈물을 흘리며 기도하고 있었고, 다른 이는 토라 두루마리를 펼쳐놓고 온몸을 흔들며 말씀을 읽고 있었다.

막벨라 굴. 이곳은 믿음의 조상들이 험난한 인생 여정을 살아내면서도 믿음을 지키며 마침내 약속의 땅에서 생을 마친 장소였고, 오늘을 살아가는 나를 포함한 모든 믿음의 후손에게, 그 믿음의 길을 따라 걸으

라는 거룩한 다짐을 하게 하는 장소였다.

헤브론의 막벨라굴을 떠나며, 아내는 생전 처음 이런 말을 나에게 해주었다.
"명광현 씨를 잘 만났다."

## 2. 브엘세바: 광야에 새긴 믿음의 흔적

### 베두인 숙소 그리고 하나님이 보내주신 도우미

헤브론을 뒤로하고, 우리는 족장들의 또 다른 무대인 브엘세바를 향해 남쪽으로 달렸다. 이스라엘의 밤은 생각보다 빨리 어두워졌다. 하늘이 붉은 노을에서 순식간에 잉크빛 어둠으로 변했고, 차창 밖은 이내 깊은 어둠에 잠겼다.

오늘 우리의 숙소는 호텔이 아닌, 네게브 사막의 유목민, 베두인(Bedouin) 마을의 숙소였다. 그렇기에 어둠 속에서 정확한 위치를 찾는 것이 무엇보다 중요했다. 하지만 도시와 먼 광야여서 그랬는지 우리의 길잡이였던 구글 지도는, 약속된 장소가 아닌 허허벌판의 공터 한가운데서 안내를 종료했다.

어디선가 개 짖는 소리만 공허하게 울려 퍼졌고, 휴대폰의 신호는 모두

끊겨 있었다. 와이파이도, 전화도 먹통이었다. 과거 강원도 정선에서 길이 끊겼을 때는 통화라도 할 수 있었지만, 지금은 그야말로 속수무책이었다. 이 상황에서 무엇을 할 수 있는 것이 아무것도 없었다. 나는 아내를 안심시키려 애써 태연한 표정을 지었지만, 마음은 타들어 가고 있었다.

바로 그때였다. 저편 어둠 속에서 불빛 하나가 우리를 향해 다가오고 있었다. 손에 든 랜턴이 흔들릴 때마다 긴 그림자가 어둠 속에서 일렁였다. 마침내 차 앞에 선 남자에게 예약한 숙소 이름을 대자, 그의 얼굴에 환한 미소가 번졌다.

그는 우리를 기다리고 있었다고 했다. 도착 시간이 지나도 오지 않자, 걱정스러운 마음에 집과 이 공터를 몇 번이나 오가며 우리를 찾고 있었다는 것이다. 그가 앞장서서 어둠을 밝혔고, 우리는 마침내 안도의 한숨과 함께 숙소에 들어설 수 있었다.

## 광야에서 만난 BTS, 그리고 기도 응답

숙소에 들어서자마자 스위스, 영국, 캐나다 등 다양한 나라에서 온 여행자들이 각자의 이야기로 공간을 채우고 있었고 우리에게 인사를 건넸다.

그때, 주인집의 두 딸이 쑥스러운 모습으로 다가와 물었다.

"한국에서 오셨어요?"
그렇다고 대답하자마자, 소녀들은 깡충 뛰며 기뻐했다. 이 아이들은 BTS의 열렬한 팬이었다. 아이들은 서툰 한국말로 "안녕하세요"하고 인사를 건네며 더 이야기하고 싶어 했지만, 우리는 긴 하루의 피로가 한꺼번에 몰려와 아쉬워하는 아이들을 뒤로하고 잠자리로 향해야 했다.

어린 시절, 가난한 환경에서 '600만 불의 사나이' '소머즈' '원더우먼'을 보며 자란 탓에 나는 외국인 앞에서 주눅이 들곤 했다. 하지만 이제는 이 낯선 땅의 아이들조차 우리나라를 동경하며, 한국어를 배우고, BTS를 사랑하며, 한국을 세계적인 문화 강국으로 여기는 모습을 보니, 과거에는 상상도 못 했던 놀라운 변화가 일어난 것이다.

나는 이 모든 것이 단순히 경제나 문화의 성장을 넘어선, 기도의 열매라는 사실을 알고 있다. 한국의 수많은 성도님이 예배 때마다 "선교의 대국이 되게 해달라"고, "복음을 전하는 민족으로 사용해 달라"라고 얼마나 간절히 부르짖었던가.

그리고 이제 하나님은 그 기도에 응답하셨다. 우리나라는 미국 다음으로 많은 선교사를 파송하는 나라가 되었고, 문화와 신앙으로 세계에 영향을 끼치는 나라로 성장했다. 과거에는 누군가의 도움을 받던 나라에서 이제는 복음을 전하고, 세상이 부러워하는 나라가 되었다는 생각에 가슴이 벅차올랐다.

오래전 우리 믿음의 조상 아브라함이 이곳 브엘세바에서 바라보았던 밤하늘의 셀 수 없는 별들이, 지금 우리의 머리 위에서도 똑같이 빛나고 있었다. 하나님의 약속은 그 밤처럼 변함없이 우리와 함께하고 있었다.

## 차가운 방, 따뜻한 마음

광야의 밤은 예상보다 차가웠고, 낡은 히터는 제 역할을 다하지 못했다. 하지만 신기하게도, 우리는 밤새 편안히 잠들 수 있었다. 숙소 주인의 세심한 배려 덕분이었다.

늦은 밤 도착한 우리를 위해 따뜻한 차를 내어주고, 낡은 히터를 걱정하며 두툼한 담요를 챙겨주던 그의 마음. 그 온기 속에서 진정한 안락함은 환경이 아니라 마음에서 비롯된다는 사실을 다시금 깨달았다.

방은 허름했지만, 그가 나눈 환대는 그 어떤 특급 호텔에서도 경험할 수 없는 깊은 온기를 전해주었다.

## 이삭의
우물을 찾아서

다음 날 아침, 우리는 브엘세바의 심장부인 '이삭의 우물'을 향해 출발했다. 차창 밖 풍경은 마치 아브라함이 살았던 고대의 시간이 다시 깨어난 듯했다.

그러나 우리의 길잡이 구글 내비게이션은 어김없이 우리를 시험에 들게 했다. 이번에는 우리를 산꼭대기에 있는 어느 팔레스타인 현지인 집 앞으로 인도했다. 갑작스러운 이방인의 방문에, 아이 둘을 둔 엄마와 할머니는 당황한 기색이 역력했다.

상황은 곧 더 긴박하게 변했다. 어디선가 연락받았는지, 건장한 팔레스타인 남자들을 태운 차량 두 대가 흙먼지를 일으키며 달려왔다. 나는 차에서 내려 그들에게 정중히 인사를 건네고 우리가 찾는 목적지를 설명하려 애썼다. 언어는 통하지 않았지만, 나의 입에서 나온 "브엘세바! 아브라함!"이라는 두 단어에 한 남성이 대충 짐작했는지 고개를 끄덕이며 방향을 알려주었다.

그들에게 인사를 건네고 산에서 내려와 큰 도로에 들어서자, 거짓말처럼 내비게이션이 다시 정상 작동했다. 우리는 마침내 '텔 브엘세바(Tel Be'er Sheva)' 국립공원에 도착했다. 공원은 유난히 고요했고, 부드러운 바람만이 낡은 돌담을 어루만지고 있었다. 매표소로 들어서자 한 직원이 반갑게 우리를 맞았다.

"Welcome! Where are you from?"

그의 밝은 미소에 우리는 "코리아!"라고 대답했다. 그러자 그는 더 친근하게 물었다. "South? Or North?" 이 질문은 해외에서 늘 듣곤 하는 익숙한 질문이었지만, 이상하게도 이번엔 조금 달랐다. 그의 눈빛과 태도에서 진정한 관심과 따뜻함이 느껴졌다. "South Korea"라고 대답하자 그는 환하게 웃으며 고개를 끄덕였다.

"Ah, I see. Beautiful country. I hope to visit someday."

그의 진심 어린 칭찬에 마음 한구석이 따뜻해졌다. 한 사람의 친절한 말이 긴 여정의 피로를 어루만지는 묘약이 된다는 것을 다시금 느꼈다.

## 광야에 심은 나무, 에셀

매표소를 지나자마자, 눈앞에 에셀 나무가 우리의 발걸음을 멈추게 했다.

이것은 단순한 나무가 아니었다. 창세기 21장 33절은, 아브라함이 브엘세바에서 아비멜렉과 언약을 맺은 뒤, "에셀나무를 심고 거기서 영원

하신 여호와의 이름을 불렀다"라고 기록한다. 사막의 뜨거운 태양 아래 시원하고 널찍한 그늘을 제공하는 에셀나무는, 고대 근동에서 환대와 영원함, 그리고 신성한 장소를 상징했다. 아브라함은 이 나무를 심음으로써, 이곳이 언약의 장소이자 영원하신 하나님을 예배하는 거룩한 곳임을 선포한 것이었다.

물론 눈앞의 나무가 아브라함이 심은 바로 그 나무는 아니었다. 하지만 그 약속의 자리를 지키며 새로운 세대의 에셀나무가 굳건히 뿌리내리고 있었다. 철학자 스피노자가 "내일 지구의 종말이 와도 나는 한 그루의 사과나무를 심겠다"라고 말했듯, 아브라함 역시 이 광야 한복판에 나무를 심으며 자신의 자녀와 그 자녀의 자녀들, 천대까지 대대로 이 그늘에서 하나님의 이름을 기억하고 하나님 안에서 복된 삶을 살아가기를 간절히 바랐을 것이다.

에셀나무의 거친 껍질에 손을 대자, 아브라함의 그 마음이 나에게도 전해지는 듯했다.

## 70미터의 믿음, 이삭의 우물

에셀나무를 뒤로하고, 우리는 고대 도시의 흔적이 쌓인 언덕, '텔 브엘세바(Tel Be'er Sheva)'를 향해 오르기 시작했다. 브엘세바의 성터 입구에서 마주한 이삭의 우물, 그리고 그 옆에 선 안내판을 보고 우리는 잠시 말을 잃었다. 우물의 깊이는 무려 70미터! 아파트 25층 높이에 해당하는 깊이를, 변변한 장비도 없이 파 내려갔을 이삭과 그 사람들의 끈기가 느껴졌다.

성경 속 이삭은 아버지 아브라함이나 아들 야곱에 비해 상대적으로 조용한 인물이다. 하지만 그는 포기하지 않고 '파는 사람'이었다. 그는 가는 곳마다 우물을 팠고, 블레셋 사람들이 시기심에 우물을 메워버려도 (창세기 26장) 다투지 않고 다른 곳으로 옮겨 또다시 우물을 팠다. 물이 나올 때까지 파고 또 팠던, 끈질긴 믿음의 사람이었다.

이 도시의 이름 '브엘세바(Be'er Sheva)'는 '브엘(우물)'과 '세바(맹세)'가 합쳐진 '맹세의 우물'이라는 뜻이다. 이삭의 끈기는 단순히 물을 얻기 위한 집착이 아니었다. '이곳이 하나님께서 약속하신 땅'이라는 약속(맹세)을 붙들고, 그 땅에 뿌리내리려는 믿음의 몸부림이었다. 그가 우물을 팔 때마다 물이 터져 나왔다는 사실은, 그의 믿음에 대한 하나님의 신실한 응답이자 축복의 증표였다.

## 브엘세바, 약속의 땅과 역사의 교차점

브엘세바는 단순히 아브라함과 이삭 시대의 무대가 아니었다. 이곳은 이스라엘 민족의 역사 전체를 관통하는 중요한 교차점이었다.

성경은 이스라엘 영토를 가리켜 '단에서 브엘세바까지'라고 반복해서 말한다. 북쪽 끝의 단에서 남쪽 끝의 브엘세바까지. 이 표현은 단순한 지리적 경계를 넘어, 이스라엘 열두 지파가 하나의 정체성으로 묶인 통일 왕국을 상징하는 관용어였다.

시간이 흘러 히스기야 왕의 시대에 이르러, 브엘세바는 남방의 핵심적인 전략 요새로 변모했다. 앗수르의 침략에 대비해 히스기야는 이곳에 견고한 성과 계획된 도시를 건설했다. 텔 브엘세바에서 발견된 유적들은 그 증거를 생생하게 보여준다.

특히 거대한 지하 물 저장 시스템은 당시 기술력의 정점을 보여주는 경이로운 구조물이었다. 도시 밖 계곡의 물을 정교한 수로를 통해 도시 지하의 거대한 저수조로 끌어들이는 공학의 산물이었다. 이 시스템 덕분에 사막 한가운데 위치한 브엘세바는 오랜 포위 공격도 견뎌낼 수 있었다.

또한 이곳에서는 네 개의 뿔이 달린 제단이 해체된 채로 발견되기도 했다. 이는 히스기야 왕이 예루살렘 성전 중심의 종교 개혁을 단행하며 지방의 산당들을 파괴했다는 성경의 기록(열왕기하 18장 4절)을 뒷받침하는 강력한 고고학적 증거이다.

이처럼 브엘세바는 족장들의 약속과 왕국의 역사가 한곳에 겹친, 살아있는 역사의 현장이었다.

## 살아있는 유적, 브엘세바의 교훈

마침 한 무리의 유럽 관광객을 따라, 우리는 텔 브엘세바의 거대한 지하 물 저장소로 들어갔다. 밖의 뜨거운 햇볕과 달리 내부는 서늘했고, 그 거대한 규모에 압도당했다.

나선형 계단을 따라 땅속 깊이 내려가는 동안, 나는 인간의 지혜와 자연의 섭리가 절묘하게 만나는 현장을 목격했다. 건기에는 마른 하천인

'와디(Wadi, 건천)'에 우기 때 갑자기 불어나는 홍수를 도시의 생명수로 저장하는 놀라운 시스템. 이곳은 단순히 물을 저장하는 공간을 넘어, 우리의 필요를 채우시는 하나님의 섭리를 보여주는 듯했다. 그 물리적인 깊이만큼이나, 믿음의 깊이를 다시금 되새기게 하는 곳이었다.

물 저장소를 나와, 브엘세바를 거닐며, 나는 이곳에서 만난 세 개의 장면을 마음에 다시 그렸다. 다음 세대를 축복하며 에셀나무를 심던 아브라함의 마음, 포기하지 않고 70미터를 파 내려간 이삭의 끈기, 그리고 메마른 땅에서 홍수를 기다려 물을 저장한 지혜.

그리고 깨달았다. 그 모든 장면이, 지금 바로 나의 삶 속에서도 똑같이 반복되고 있음을. 나 역시 먼 훗날을 위해 자녀를 축복하며 기도의 나무를 심고 있었다. 매일의 삶의 현장에서 인내하며 나만의 우물을 파

고 있었다. 때로는 모든 것이 메마른 광야 같아도, 언젠가 부어주실 하나님의 은혜를 기다리며 믿음의 저장소를 만들고 있었다.

브엘세바는 과거의 유적지가 아니었다. 그곳은 지금도 내게 말을 거는 살아 있는 말씀의 현장이었다. 나는 믿음의 조상들이 하나님과 동행했던 그 거룩한 흙 위를 조심스럽게 걸으며, 그들의 발자취를 따라 내 삶을 한 걸음씩 정돈하고 싶었다.

# 제1부
# 이스라엘 :
# 약속의 땅을 밟다

### 제3장 광야의 길, 홍해를 향하여

## 1. 네게브 사막: 시간이 멈춘 땅을 달리다

### 성경의 땅을 달리며: 홍해의 에일랏으로

브엘세바를 떠날 때, 마음속에 설렘과 아쉬움이 교차했다. 설렘은 이스라엘 최남단 항구 도시 에일랏을 향한 기대감이었고, 아쉬움은 이스라엘 여정의 끝이 다가오고 있다는 서운함 때문이었다.

우리의 목적지 에일랏은 오늘날 휴양지로 유명하지만, 3천 년 전에는 솔로몬왕의 해상 무역 기지였다. 성경은 솔로몬이 이곳에서 건조한 배로 '오빌'에서 금, 은, 상아, 원숭이, 공작 등 진귀한 물품들을 실어 왔다고 기록한다(열왕기상 9:26-28, 10:22). 비록 오빌의 정확한 위치는 알려지지 않았지만, 성경학자들은 홍해에서 배가 출항을 했다면, 동아프리카에서 아라비아반도, 인도에 이르는 광대한 지역을 추정한다.

우리는 그 솔로몬의 무역항에서 하룻밤을 보낸 뒤, 내일 아침이면 정든 렌터카와 작별하고 걸어서 국경을 넘어 요르단으로 향할 것이다. 이스라엘에서의 마지막 날이 그렇게 다가오고 있었다.

## 해수면 아래, 시간이 멈춘 길

브엘세바를 떠나 동쪽으로 향하자, 네게브 사막은 서서히 유대 광야의 남쪽 지형과 겹치기 시작했다. 우리는 두 광야의 경계를 가로질러, 세상에서 가장 낮은 곳 사해를 향해 달려가고 있었다.

31번 국도에 들어서자 풍경은 더욱 극적으로 변했다. 네게브의 황토색 풍경 너머로 풀 한 포기 허락하지 않는 유대 광야의 압도적인 민낯이 펼쳐졌다. 길가의 표지판은 우리가 해수면보다 낮은 곳을 달리고 있음을 계속해서 알려주었다. '-100m' '-200m', '-350m'. 숫자가 깊어질수록 우리는 마치 지구의 가장 깊은 속살로 들어가는 듯한 기묘한 감각에 사로잡혔다.

쉼 없이 구불구불한 길, 갑자기 나타나는 대형 트럭에 아찔한 순간도 간혹 있었다. 이 도로가 '죽음의 도로'라는 별명을 가졌다는 사실이 실감 났다. 하지만 그 긴장감마저 광야의 경이로움 앞에서는 금세 잊혔다.

이곳은 성경의 시대와 현대가 공존하는 듯했다. 아스팔트 위를 달리는 렌터카는 분명 21세기의 산물이지만, 창밖의 황량한 언덕과 하늘은 4천 년 전 우리 믿음의 조상 아브라함이 보았던 그것과 다르지 않았다. 다윗이 숨고, 예언자들이 헤맸을 바로 그 공간. 차창 밖 풍경은 단순한 지리가 아니라, 살아있는 성경의 한 페이지처럼 느껴졌다.

## 사해를 바라보며, 목회의 길

길을 따라 한참을 달리자, 저 멀리 '사해(The Dead Sea)'가 모습을 드러냈다.

우리는 전망 좋은 휴게소에 차를 세우고 잠시 숨을 고르기로 했다. 가게에서 산 빵과 물로 차린 소박한 식사는, 그 어떤 고급 레스토랑보다도 특별했다. 사해에서 불어오는 소금기 섞인 바람은 피부에 따가웠지만, 그마저도 이 거룩한 땅이 주는 특별한 경험으로 기쁘게 받아들였다.

짧은 휴식을 마친 우리는 다시 차에 올라, 사해를 향해서 내리막길을 빠르게 내려갔다. 그리고 마침내 이스라엘의 서쪽에서 동쪽으로 횡단을 마치고 북쪽과 남쪽으로 이어지는 90번 도로에 도착했다.

## 광야의 길, 목회의 길

브엘세바에서 동쪽의 사해로, 다시 남쪽 끝 에일랏으로 향하는 여정은, 단순한 이동이 아니라 매 순간 감동의 연속이었다. 차창 밖으로 스쳐 가는 모든 풍경이 성경의 역사와 연결되어 있었고, 우리는 그 거대한 이야기의 한복판에 서 있다는 사실에 가슴이 벅차올랐다.

성경의 땅을 구석구석 돌아보는 이 시간은 꿈만 같았다. 목회자로서 내가 걸어온 길과, 지금 광야를 달리는 이 길이 하나로 겹치며 묘한 감동이 밀려왔다. 이 땅을 직접 밟는 것은 수많은 목회자의 간절한 소망일 것이다.

이 모든 것을 허락하신 하나님께, 그리고 이 여정을 위해 기도와 사랑으로 동행해 준 상록수명륜교회 성도님들께 깊은 감사를 느꼈다. 그들의 헌신이 없었다면 이 순례는 시작조차 할 수 없었을 것이다. 그러므로 이 땅에서 내가 느끼는 모든 감격은 결코 나만의 것이 아니었다. 그것은 온 교회가 함께 나눌 살아있는 간증이 될 터였다.

우리는 붉게 물드는 사막의 노을을 바라보며 남쪽 에일랏을 향해 달렸다. 이 여정의 끝에서, 우리 마음에는 또 어떤 이야기가 새겨질지 기대하며.

## 2. 아라바 광야: 말씀이 살아나는 길

### 소금기둥과의 뜻밖의 만남

남쪽으로 향하는 90번 도로를 달리던 중, 도로변에 관광버스 몇 대가 서 있는 것을 보았다. 호기심에 우리도 차를 세우고 그곳으로 향했다. 순간 나는 그곳이 어디인지 단번에 알 수 있었다. 소금 암벽 위에 외롭게 서 있는 기둥. 창세기 19장에 기록된, 뒤를 돌아보아 소금기둥이 된 롯의 아내였다.

구글 이미지로만 보던 바로 그 모습이었다. 이처럼 이스라엘은 어디를 가든 성경과 연결된 땅이라는 사실에 다시 한번 감동이 밀려왔다. 나는 오늘의 마지막 목적지인 에일랏으로 향할 생각만 했을 뿐, 이 소금기둥을 만나리라고는 상상조차 못 했다.

'자세히 보아야 예쁘다'라는 나태주 시인의 시처럼, 성경의 땅과 말씀을 더 깊이 알고 싶다는 열망이 솟아올랐다. 하나님께서는 내가 계획하지 않은 이곳에서, 롯의 아내를 통해 또 다른 이야기를 들려주고 계셨다. 돌아보면 내 인생은 이처럼 늘 하나님의 예기치 못한 은혜로 가득

차 있었다.

## 롯의 아내의 소금기둥

창세기 19장 17절, 천사들은 소돔을 떠나는 롯의 가족에게 "돌아보지 말라", "들에 머물지 말라", "산으로 도망하라"고 명했다. 롯과 그의 아내, 두 딸은 천사의 말을 따라 들에 머물지 않고 산으로 도망갔다. 그러나 롯의 아내는 '돌아보지 말라'라는 명령을 지키지 못했다.

산꼭대기에서 뒤를 돌아보아 소금기둥이 된 그녀의 모습에 깊은 안타까움이 밀려왔다. 그녀는 왜 뒤를 돌아보았을까? 미처 챙기지 못한 재물이 아까웠을까, 아니면 죄악의 도시에 남겨진 삶에 대한 미련이었을까. 무엇이 목숨보다 소중했을까. 그 자리에 서서 그녀의 마음을 헤아려 보자 안타까움만 더해졌다.

나와 아내는 사진을 찍고, 바위 소금 결정을 조금 캐내어 맛을 보았다. 사해 소금은 혀끝에 쓴맛을 남기며 강렬하게 짰다. 그 맛은 마치 성경 말씀과 닮아 있었다. 처음에는 이해하기 어렵고 지키기 힘들지라도, 마음에 새기고 살아낼수록 더 깊은 진리로 다가오는 것과 닮아 있었다.

## 아라바 광야
## 길을 달리다

사해 최남단을 뒤로하고 우리는 다시 남쪽으로 향했다. 매끄럽게 포장된 도로는 성경에서 홍해로 이어지는 '아라바 광야 길(Arava Valley)'로 불리는 바로 그 길이었다.

성경의 땅에는 고대로부터 거대한 역사를 품은 네 개의 길이 있었다. 첫째는 지중해를 따라 이집트와 메소포타미아를 잇던 국제 고속도로, '해변 길(Via Maris)', 둘째는 세겜, 예루살렘, 헤브론 등 산지 능선을 따라 이어진 '족장들의 길'. 아브라함, 이삭, 야곱이 주로 활동하던 무대다. 셋째는 요르단 고원지대를 남북으로 관통하는 '왕의 대로(King's Highway)'. 그리고 마지막 넷째가 바로 우리가 달리는 갈릴리에서 시작해 요단 계곡과 사해, 아라바 광야를 거쳐 홍해까지 이어지는 세상에서 가장 낮은 길, '계곡 길(Jordan Rift Valley Route)'이었다.

3천5백 년 전, 모세와 이스라엘 백성이 걸었던 바로 그 '아라바 광야 길'을, 지금 아내와 내가 렌터카를 타고 달리고 있다. 시공간을 초월한 기묘한 동행, 그 자체였다.

## 회한과 연단의 길

'아라바 광야 길'은 남쪽으로 향하는 현대의 도로, 그 이상이었다. 이곳은 이스라엘 백성의 눈물과 회한이 새겨진 연단의 현장이었다. 민수기 13-14장은 가데스 바네아에서 약속의 땅을 정탐했던 정탐꾼들의 불신 가득한 보고가 어떻게 백성 전체의 믿음을 무너뜨렸는지 기록한다. 그 결과 이스라엘은 언약의 땅을 코앞에 두고도, 38년이라는 긴 세월을 이 광야에서 더 방황해야만 했다.

그러나 그들의 여정은 버려진 시간이 아니었다. 불신을 회개하고 거룩한 백성으로 다시 빚어지는 하나님의 영적 훈련이었다. 우리가 달리는 이 길은 그 고통스러운 연단과, 그럼에도 불구하고 끝까지 백성을 인도하신 하나님의 신실하심을 품고 있는 살아있는 흔적이었다.

광야의 풍경은 황량하면서도 신비로웠다. 붉은 바위산은 뜨거운 태양 아래 불타는 듯했고, 끝없이 펼쳐진 벌판 가운데 가끔씩 나타나는 질서정연하게 자리 잡은 대추야자 농장은 이 척박한 땅에도 소망이 있음을 보여주는 듯했다.

이 땅에서 이스라엘 백성은 매일 아침 하늘에서 내리는 만나를 먹었다. 낮에는 구름기둥이, 밤에는 불기둥이 그들의 길을 인도했다. 때로는 불평하고 넘어졌지만, 그 길은 고난을 통해 하나님을 더욱 깊이 알아가는 믿음의 길이었다. 그리고 그 길의 끝에는 어김없이 하나님의 약속이 기다리고 있었다.

## 붉은 광야 속 솔로몬의 검은 산, 팀나 계곡

아라바 길을 달리던 중, 아내가 차창 밖으로 특이한 풍경을 발견했다. 붉은 바위산 사이로 드문드문 검은 산이 보였다. 처음에는 구름 그림자인가 했지만, 가까워질수록 산 자체가 검다는 사실이 분명해졌다.

그때 잊고 있던 이름이 떠올랐다. 바로 이곳이 고대 구리 광산으로 유명한 '팀나 계곡(Timna Valley)'. 구리 성분이 풍부한 암석이 햇빛과 공기에 산화되어 검게 변한 것이었다.

'솔로몬의 광산'으로도 불리는 이곳. 나는 성전 건축의 기록을 떠올렸다. 예루살렘 성전 입구를 지키던 거대한 두 놋기둥 '야긴'과 '보아스', 제사장들의 정결 예식에 쓰인 거대한 '놋바다'(열왕기상 7장 13-51절). 그 모든 것을 만드는 데 필요한 막대한 양의 구리가 바로 이곳에서 채굴되었다.

눈앞의 검은 산은 단순한 풍경이 아니라, 예루살렘 성전의 영광과 연결된 거대한 산업 현장의 유산이었다.

## 모세의 구리 뱀 사건

팀나 계곡의 검은 산은, 구리와 관련된 또 하나의 중요한 이야기를 떠올리게 했다. 민수기 21장에 기록된 '구리 뱀' 사건이었다.

광야에서 마음이 상한 백성들이 하나님을 원망하다 불뱀에 물려 죽어 가고 있었다. 그때 하나님은 모세에게 구리 뱀을 만들어 장대 위에 높이 매달고, "그것을 쳐다보는 자는 모두 살리라"라고 약속하셨다. 백성들은 그 약속을 믿고 장대 위의 구리 뱀을 쳐다보는 믿음의 행동을 통해 죽음에서 생명으로 옮겨졌다.

이 사건은 단순한 과거의 기적으로 끝나지 않았다. 훗날 예수님은 요한복음 3장에서 니고데모에게 말씀하셨다. 모세가 광야에서 뱀을 든 것 같이 인자도 들려야 하리니, 이는 그를 믿는 자마다 영생을 얻게 하려 하심이라고.

솔로몬의 구리 광산 앞에서, 나는 성전의 영광을 만들었던 구리가 죄인을 살리는 구원의 상징으로도 쓰였다는 사실을 깨달았다. 성경의 이야기들이 서로 연결되며 드러나는 하나님의 깊은 섭리를 다시금 묵상하는 시간이었다.

## 200만의 행렬, 아라바 광야에 서다

아라바 평야를 달리며, 내 머릿속은 출애굽의 거대한 행렬로 가득 찼다. 장정만 60만, 전체 200만에 가까운 백성. 나는 늘 궁금했다. '그 수많은 사람이 과연 이 좁은 땅에서 어떻게 움직였을까?'

늘 품고 있던 이 질문은, 광활한 아라바 평야와 요르단의 와디럼 사막을 보는 순간 풀렸다. 이 광야는 상상 이상으로 넓었다. 200만의 행렬이 아니라 그보다 더 많은 군중이라도, 이곳은 결코 비좁지 않았을 것이다.

하지만 공간이 넓다고 해서 길이 편한 것은 아니었다. 낮에는 살을 태우는 열기를, 밤에는 뼛속까지 파고드는 한기를 견뎌야 했다. 마실 물도 먹을 양식도 없이 오직 하나님만 바라봐야 하는 시간이었다. 그들의 고난과 하나님의 공급하심이 얼마나 실제적이고 생생했을지, 비로소 가슴으로 이해할 수 있었다.

## 성경이
## 살아 움직이는 땅,

아라바 평야를 지나며, 나는 성경을 문자 너머, 그 땅의 지리와 문화 속에서 입체적으로 이해하고 싶다는 학문적 갈증을 느꼈다. 성경은 단순한 이야기 모음집이 아니었다. 성경의 사건들은 바로 이 땅에서 실제로 펼쳐진 역사였고, 그 깊은 의미는 이 땅의 지형과 환경 속에서 비로소 선명하게 다가왔기 때문이다.

솔로몬의 구리 광산에서 출애굽의 길까지, 모든 장소가 성경의 사실성을 다시 한번 확인시켜 주었다. 동시에 내가 아는 성경 지식이 얼마나 단편적이었는지도 깨닫게 되었다.

아라바 길 위에서, 나는 단순히 도로를 달리는 여행자가 아니었다. 나는 성경 속 사건들과 그 기억을 품은 땅을 온몸으로 체험하며, 하나님의 살아있는 말씀을 마음에 다시 새기는 순례자였다. 이 광야에서의 경험이 단지 한 번의 여행으로 끝나지 않고, 앞으로의 내 삶과 사역에 귀한 자산이 되기를 간절히 소망하며, 우리는 계속 남쪽으로 달렸다.

## 홍해의 관문, 에일랏

긴 여정 끝에 드디어 이스라엘의 최남단 도시 에일랏에 도착했다. 어둠이 내린 도시 너머로 라몬 국제공항의 불빛이 보였다. 내일 아침, 우리가 정든 렌터카를 반납할 곳이었다.

에일랏은 성경에 자주 등장하는 유서 깊은 항구다. 솔로몬의 배가 오빌의 금을 싣고 돌아오던 무역항이었고, 시바의 여왕이 그의 지혜를 시험하기 위해 예물을 싣고 예루살렘으로 향하던 길이 시작된 곳이기도 하다(열왕기상 10장, 역대하 8장).

하지만 오늘날 에일랏은 전 세계 관광객들이 몰려드는 화려한 휴양지로 변모했다. 그 눈부신 풍경 속에서, 우리는 이스라엘에서의 마지막 밤을 보내고 새로운 땅으로 건너갈 채비를 하는 잠시의 나그네일 뿐이었다.

## 이스라엘의 마지막 밤, 아쉬움 속의 감사

늦은 저녁 호텔에 도착해, 가게에서 사 온 빵으로 허기를 달래며 고된 하루를 마무리했다. 창밖으로 반짝이는 에일랏의 야경을 제대로 즐기지 못하고 떠나야 한다는 아쉬움이 밀려왔다. 하지만 내일 아침 국경을 넘어 요르단으로 향해야 하는 여정을 생각하며 마음을 다잡았다.

그때, 묵묵히 짐을 정리하는 아내의 모습이 눈에 들어왔다. 이번 여행 내내, 아내는 단 한 번의 불평 없이 나를 따라주었다. 나는 늘 계획과 효율을 우선했지만, 아내는 주변을 천천히 둘러보고 느끼는 것을 좋아하는 사람이다. 그런 아내가 나의 빡빡한 일정에 맞춰 피곤한 몸을 이끌고 동행해 준 것이 새삼 미안하고 고마웠다. 그녀는 나의 가장 좋은 순례의 동반자였다.

언젠가 다시 이곳을 찾아, 느긋하게 에일랏의 아름다움을 아내와 함께 누릴 날이 오기를 기도하며 잠자리에 들었다.

"사람이 마음으로 자기의 길을 계획할지라도 그의 걸음을 인도하시는 이는 여호와시니라."(잠언 16장 9절)

우리의 모든 계획과 길 잃음까지도 완벽하게 인도하신 하나님의 은혜에 감사하며, 이스라엘에서의 마지막 밤이 그렇게 깊어져 갔다.

# 제 2 부
# 요르단 : 약속의 땅, 그 너머를 걷다

### 제4장 붉은 사막, 와디 럼

## 1. 국경을 넘어, 광야로

### 설레는 긴장과 아침 준비

에일랏의 아침 햇살 속에서 오늘의 여정이 시작됐다. 이스라엘을 떠나 요르단으로 향하는 날. 렌터카를 반납하고 두 발로 국경을 넘어야 한다는 생각에 약간의 긴장감이 감돌았다.

우리는 먼저 주유소에 들러 기름을 가득 채운 뒤, 에일랏 라몬 국제공항으로 이동해 렌터카를 반납했다. 다행히 모든 과정은 별문제 없이 순조롭게 진행됐다. 공항을 나와서는 국경으로 향하는 택시를 잡기 위해 몇 명의 기사와 짧은 흥정을 벌였고, 이내 합의를 마친 택시에 올라 국경으로 향했다.

### 국경 통과, 예상보다 간단했던 과정

에일랏 국경은 예상외로 한산했지만, 내 마음속에는 과거 안산시흥지방회 목사님들과 함께 알렌비 국경을 넘을 때의 삼엄했던 기억이 남아있어 긴장을 늦출 수 없었다. 하지만 이번에는 모든 과정이 놀라울 만큼 간단했다.

먼저 이스라엘 출국세를 내고 신고서를 작성한 뒤 검색대를 통과하자, 이스라엘에서의 여정은 공식적으로 끝이 났다. 이제 남은 것은 두 나라 사이의 짧은 완충지대를 걸어 요르단 입국장으로 향하는 일. 푹푹 찌는 열기 속에서 무거운 캐리어를 끄는 것은 고됐지만, 마음만은 가벼웠다.

다행히 요르단 쪽의 절차도 비교적 수월했다. 입국 신고서를 작성하고 또 한 번의 검색대를 통과한 뒤, 우리는 마침내 요르단 땅에 발을 디뎠다. 까다롭기로 소문난 국경을 이토록 평탄하게 넘었다는 감사함과, 이제부터 시작될 요르단 여정에 대한 설렘이 교차했다.

## 요르단에서의 첫 만남

요르단 땅에 들어서자마자, 우리를 맞이한 것은 활기찬 택시 기사들의 호객 행렬이었다. 낯선 땅에서의 첫 관문은 언제나 흥정이다. 우리는 한국에서 예약해 둔 렌터카 회사 주소를 보여주며 몇 번의 짧은 대화 끝에 적당한 가격으로 합의하고, 아카바(Aqaba) 시내로 향했다.

요르단의 렌터카 시스템은 대부분 차를 빌린 지점으로 다시 반납해야 하는 독특한 구조였다. 처음에는 이 때문에 여정이 꼬일 뻔했지만, 다행히 한 회사가 우리의 사정을 듣고 남쪽 아카바에서 빌려 북쪽 암만 공항에서 반납할 수 있도록 흔쾌히 조정해 주었다. 이 작은 배려 덕분

에 여정이 훨씬 수월해졌다.

## 감사로 시작하는 요르단 여정

요르단에서의 첫날, 모든 것이 순조롭게 풀린 것에 감사했다. 푹푹 찌는 더위 속에서도 안전하게 국경을 넘고, 낯선 환경에서도 필요한 도움의 손길을 만나는 모든 과정에서 하나님의 세밀한 인도하심을 느꼈다.

요르단 땅에 내디딘 걸음은 단순히 국경을 넘는 행위를 넘어, 하나님의 신실하심을 다시 한번 체험하는 순간이었다. 이제부터 펼쳐질 여정 속에서 또 어떤 깨달음과 은혜를 마주하게 될지 기대하며, 우리는 요르단에서의 여정을 시작했다.

## 노병(老兵)과 함께,
## 불확실한 첫걸음

우리의 요르단 여정을 함께할 동반자는 닛산 써니(SUNNY), 세월의 흔적을 고스란히 간직한 차였다. 20년은 족히 되어 보이는 차체 곳곳의 흠집들은, 이 차가 얼마나 많은 여행자와 함께 척박한 땅을 누볐는지 보여주는 훈장처럼 보였다. 우리는 만약을 대비해 그 '훈장'들을 꼼꼼히 사진으로 남겨두었다.

차에 올라 가장 먼저 확인한 것은 인터넷 연결이었다. 하지만 국경 하나를 넘었을 뿐인데, 이스라엘에서 문제없던 인터넷이 먹통이 되었다. 우리의 유일한 길잡이인 구글 맵이 무용지물이 될 위기였다. 설상가상으로, 다음 목적지인 와디 럼에서 우리를 기다릴 현지인과의 약속 시간은 다가오고 있었다.

결국 우리는 보이지 않는 지도 대신, 눈에 보이는 이정표만을 의지해 출발하기로 했다. 그렇게 모든 것이 불확실한 상태에서, 우리의 진짜 광야 여정이 시작되었다.

## 호기심,
## 지도를 이기다

사막에서 조난 당한 생텍쥐페리가 죽음의 문턱에서 사막여우의 발자국을 만났을 때, "이 척박한 땅에서 무엇을 먹고 살까?" 하는 순수한 호기심이 그 발자국을 따라가게 했던 것처럼, 나 역시 비슷한 상황이었다. 와이파이도 없이 와디 럼까지 무사히 갈 수 있을지, 마음은 온통 불안으로 가득했다.

하지만 내 눈 앞에 펼쳐진, 이스라엘 에일랏에서 국경 너머를 바라보며 궁금했던 요르단의 하얀 집들과 낯선 골목들. 그 풍경이 바로 내 눈앞에 있었다. 결국 생텍쥐페리의 호기심이 그랬던 것처럼, 나의 궁금증이 모든 이성적인 걱정을 이기고 말았다. 나는 와디 럼으로 향하던 운전대를 돌려, 아카바(Aqaba) 도심 속으로 들어갔다.

눈앞의 풍경은 현대적인 건물들로 가득했지만, 나는 이곳이 성경 속 에시온게벨(Ezion-geber)과 엘랏(Elath)이 있던 에돔 족속의 땅임을 기억했다. 수천 년 전, 솔로몬왕이 함대를 만들고(열왕기상 9장 26절), 에돔 사람들이 홍해를 터전 삼아 무리를 이루고 살아가던 바로 그 땅. 고대의 성경 속 이야기가 현대의 도시 속에서 생생하게 살아 움직이는 듯했다.

## 집념의 아내, 지도를 켜다

아카바 도심의 매력에 잠시 마음을 빼앗겼지만, 와디 럼 사막에서의 약속이 우리를 현실로 불러냈다. 아쉬움을 뒤로하고 도심을 빠져나와, 우리는 다시 이정표에만 의지한 채 막막한 길 위를 달리기 시작했다.

그때, 옆자리에서 조용히 휴대폰과 씨름하던 아내가 마침내 해냈다. 기적처럼 와이파이가 연결되고, 잠자코 있던 구글 맵이 활성화된 것이다. 화면 위로 우리의 현재 위치와 목적지까지의 경로가 선명하게 떠올랐다.

이제 든든한 지도를 얻은 우리는, 비로소 안도의 한숨과 함께 다시 한 번 목적지를 향해 힘차게 달렸다.

## 하나님의 우회로(迂回路)

요르단의 도로는 낯설고 인터넷은 열악했지만, 이제 와 돌이켜보니 그 불편함은 우리에게 더 깊은 것을 보게 하시려는 하나님의 배려였다.

만약 구글 맵이 처음부터 완벽하게 작동했다면, 우리는 결코 아카바 도심으로 운전대를 돌리지 않았을 것이다. 그랬다면 홍해 변에 숨 쉬던 에돔 족속의 흔적과 성경의 땅이 현재와 만나는 그 벅찬 감동을 놓쳐버렸을 것이다. 단순한 여행을 넘어 믿음과 역사를 체험하는 그 귀한 시간을 말이다.

그날의 경험은 때로 불편함 속에서 더 큰 감사를 배울 수 있음을 알려주었다. 우리가 계획한 길을 걷는 동안에도, 하나님은 종종 계획 밖의 아름다운 순간들을 예비해 두신다는 사실을 깨달으며, 우리는 비로소 평안한 마음으로 와디 럼을 향한 걸음을 이어갔다.

## 왕의 대로를 따라: 고대의 길을 달리다

우리의 렌터카 바퀴 아래, 낡은 아스팔트는 수천 년 전의 흙길 위에 놓여 있다. 우리가 지금 달리는 이 길은 단순한 47번 도로가 아니라, 고대 세계의 역사와 문명이 교차하는 '왕의 대로(King's Highway)'였다.

성경의 땅을 이해하려면, 그 땅을 관통했던 세 개의 거대한 길을 알아야 한다.

해안로(Via Maris):
이집트 고센 땅에서 출발해 지중해 해안을 따라 북쪽 다메섹까지 이어지는 길이다. 고대 세계에서 이 길은 주요 교역로로 사용되었으며, 이집트(아프리카)와 메소포타미아 문명을 연결하는 핵심 통로였다.

족장들의 길(Way of the Patriarchs):
세겜에서 시작해 브엘세바에 이르는 이스라엘 중앙 산지를 남북으로 관통하며, 아브라함, 이삭, 야곱과 같은 성경 속 족장들이 이동했던 길이다. 이 길을 따라가면 성경의 이야기와 그들의 삶의 여정을 떠올릴 수 있다.

왕의 대로(King's Highway):
이집트와 아라비아에서 시작해 요르단 동편을 따라 북쪽 다메섹까지 이어지는 길이다.

이 길이 '왕의 대로'라 불린 이유는, 길을 지나는 상인들이 지역 왕들에게 통행료를 내면 안전을 보장받았기 때문인데, 이는 오늘날 톨게이트의 기원과도 같다. 민수기 20장에서 모세는 에돔 왕에게 "왕의 큰길로만 지나가겠다"라고 간청했지만 거절당했다. 그 때문에 이스라엘 백성은 평탄한 이 길을 두고, 험난한 광야 길로 수많은 날을 돌아가야만 했다.

왕의 대로는 단순한 교통로가 아니었다. 이 길을 통해 이집트(아프리카) 문명과 메소포타미아 문명, 그리고 동양과 서양, 아프리카의 문화와 경제가 교류했다. 이 길은 고대 세계의 문명을 연결하고, 사람과 물자, 사상의 흐름을 가능하게 한 거대한 연결고리였다.

수천 년이 흐른 지금, 우리는 낙타 대신 요르단에서의 새로운 로시난테, 닛산 써니를 타고, 그 길 위를 달리고 있다. 길의 모습과 수단은 바뀌었지만, 길의 본질은 변하지 않았다. 여전히 이 길은 사람들을 연결하고 새로운 이야기를 만들어 내고 있다. 그리고 나에게는, 역사와 성경 속의 사건들을 다시금 떠올리게 하는 생생한 통로가 되어 주고 있었다.

## 인간의 도시,
## 하나님의 광야

도로는 생각보다 잘 정비되어 있었고, 간간이 지나는 대형 트럭을 제외하면 한산하고 평온했다. 길 양옆으로는 기암괴석이 빚어낸 웅장한 산들이 병풍처럼 솟아 있었다. 풀 한 포기 찾아볼 수 없는 황량한 풍경은 마치 외계 행성에 불시착한 듯한 기분이었다.

문득 인간의 손으로 바위를 깎아 만든 도시, 페트라의 감동이 떠올랐다. 하지만 지금, 수천 년에 걸쳐 하나님의 손길이 빚어낸 이 대자연의 장엄함 앞에서는, 감히 그 어떤 감동도 비교할 수 없었다.

## 고대 근동에서의
## 산의 의미

고대 근동 사람들에게 산은 단순한 지리적 요소가 아니었다. 그들에게 산은 천상과 지상을 연결하는 신성한 장소로 여겨졌다. 이는 하나님의 백성 이스라엘에게도 마찬가지였다. 율법을 받았던 시내산처럼, 산은 늘 하나님의 임재와 계시의 장소였다.

그 정점에는 예루살렘 시온산이 있다. 에스겔서는 이곳을 '세상의 중앙(에스겔 38:12)'이라 번역했지만, 히브리 원어 '타부르 하아레츠(tabbur ha'aretz)'는 '땅의 배꼽'이라는 뜻이다. 탯줄을 통해 어머니와 생명으로 연결되던 배꼽처럼, 예루살렘(시온산)이 전능하신 하나님과 직접 연결되어 세상을 향한 생명의 통로가 된다는 위대한 신앙 고백인 것이다.

신과 연결되고 싶었던 고대인들의 열망은 거대한 인공 산을 짓는 것으로 나타났다. 이집트의 피라미드와 메소포타미아의 지구라트는 모두 '신에게 더 가까이' 다가가려는 인간의 열망이 빚어낸 땅 위의 산이었다.

놀랍게도 이 이야기는 우리의 이야기와 닮아 있다. 단군 신화 속 환웅이 하늘에서 내려온 곳이 태백산이었고, 우리 조상들은 마을 뒷산에서 산신제를 지냈다. 사찰의 탑이 위로 갈수록 좁아지는 것 역시 산의 형상을 본뜬 상징물이다.

그러고 보니 우리나라의 수많은 기도원이 왜 산에 자리 잡았는지 알 것 같다. 하나님과 더 가까워지고 싶은 인간의 열망은 동서고금을 막론하고 인간을 하늘을 향해 솟은 산으로 이끌었다.

조금 전까지 머릿속 관념이었던 '세상의 배꼽'이라는 말이, 와디 럼의 장엄한 풍경 속에서 거대한 실체로 다가왔다. 그 산들의 규모와 위엄은

인간이 감히 다다를 수 없는 경계를 암시하며, 고대인들이 왜 산을 신성시했는지 온몸으로 이해하게 했다. 와디 럼으로 향하는 길은 단순한 이동이 아니라, 고대의 믿음과 자연이 주는 경외감을 온몸으로 새기는 순례의 여정이었다.

## 길 위에서 만난 사람

와디 럼으로 향하던 한적한 도로, 작열하는 태양 아래 한 요르단 남자가 우리를 향해 손을 흔들고 있었다. 그 모습은 황량한 길 위에서 그가 홀로 감당해야 할 여정의 막막함을 보여주는 듯했다. 우리는 자연스럽게 차를 멈춰 그를 태웠다.

어디서 와서 어디로 가는지 묻지 않았다. 언어는 통하지 않았지만, 그의 입에서 연신 터져 나온 "슈크란(감사합니다)"이라는 말과 그 표정만으로도 그의 여정이 얼마나 고단하고 길었는지를 짐작할 수 있었다. 같은 길 위에 함께 있다는 것만으로도 알 수 없는 연대감이 생겨났다.

얼마쯤 달렸을까, 그가 길가의 외딴집을 가리켰다. 차가 멈추자마자 아이들이 함성을 지르며 뛰어나와 그의 품에 안겼다. 아이들의 웃음소리를 배경으로, 그는 활짝 웃으며 우리에게 손을 흔들었다.

그 행복한 풍경을 보며, 나는 사이먼 & 가펑클의 노래 "험한 세상의 다리가 되어(Bridge Over Troubled Water)"를 떠올렸다. 험한 광야 길 위에서, 아빠를 기다리는 아이들에게 아빠를 데려다준 작은 다리가 되었다는 사실에 마음속 깊이 따뜻한 감동이 밀려왔다.

길 위에서 누군가를 태운다는 것은, 그의 고단한 삶에 나의 시간을 나누어주는 일이었다. 성경이 왜 그토록 "나그네를 대접하라"라고 말씀하시는지, 그 의미를 다시 한번 생각하며 우리는 고요한 와디 럼을 향해 달렸다.

## 2. 붉은 사막이 가르쳐준 것들

### 와디 럼에 도착하다

길이 좁아질수록 주변의 기암괴석들은 점점 더 거대해졌다. 웅장하고 황량한 풍경에 압도당할 무렵, 우리는 마침내 와디 럼에 도착했다. 그곳은 전 세계에서 몰려온 관광객들과 베두인 가이드, 사막을 누빌 낡은 지프들로 가득 차 있었다.

우리는 이 혼잡 속에서 한국에서 예약해 둔 가이드를 찾아야 했다. 그러나 내비게이션은 우리를 소용돌이의 중심이 아닌, 관광객 하나 없는 한적한 마을 한복판으로 이끌더니 이내 인터넷이 끊어졌다. 우리는 낯선 땅에서 또다시 길을 잃었다.

하지만 도움은 예상치 못한 곳에서 찾아왔다. 낯선 동양인을 본 마을 사람들이 호기심에 다가왔고, 나는 지푸라기라도 잡는 심정으로 가이드의 이름을 물었다. 놀랍게도, 그들은 그를 알고 있었다! 몇 마디를 주고받던 그들은 누군가에게 전화를 걸었고, 얼마 지나지 않아 우리의 가이드가 지프를 몰고 기적처럼 나타났다.

## 붉은 사막의
## 심장부로

가이드는 주차장으로 우리를 안내했다. 그곳에 우리의 낡은 '로시난테'를 남겨두고, 그의 지프 뒷좌석에 우리와 짐을 실었다.

가이드의 낡은 지프는 길들여진 야생마처럼, 정해진 길도 없는 붉은 사막 위를 자유롭게 달리기 시작했다. 바퀴가 파헤친 붉은 모래가 뽀얀 먼지가 되어 우리 뒤를 따랐고, 우리는 점점 더 깊은 사막의 심장부로 들어갔다.

덜컹거리는 지프에 몸을 실은 채 광활한 풍경 속으로 빨려 들어가는 순간은 잊지 못할 경험이었다. 붉은 사막과 황금빛 하늘, 그리고 수천 년의 시간이 빚어낸 거대한 바위산들이 어우러진 풍경은 마치 다른 행성에 발을 들이는 듯한 기분을 느끼게 했다. 와디 럼이 보여준 첫인상은, 앞으로 우리가 경험할 모든 것을 기대하게 만들기에 충분했다.

## 와디 럼: 붉은 사막, 에서의 땅

와디 럼은 세계에서 가장 아름다운 붉은 모래사막으로 불린다. 모래 속 철 성분이 오랜 세월 공기와 만나 산화되면서, 마치 불타는 듯한 붉은빛을 띠게 된 것이다.

그런데 이 붉은빛은 단순한 화학 현상을 넘어, 우리를 성경의 한 인물에게로 이끈다. 바로 '붉다'라는 이름의 사나이, 에서다. 성경은 그가 태어날 때부터 몸이 붉었고(창세기 25:25), 붉은 팥죽 한 그릇에 장자권을 팔았으며(창세기 25:30), 그의 후손들이 살아간 땅마저 붉었기에 그들을 '붉다'라는 뜻의 에돔(Edom) 족속이라 기록한다.

훗날, 출애굽 한 이스라엘 백성은 약속의 땅으로 가기 위해 평탄한 '왕의 대로'를 지나게 해달라고 에돔 족속에게 간청했다. 그러나 에서의 후예인 에돔 왕은 군대를 이끌고 나와 그 길을 막아섰다(민수기 20:14-21).

결국 이스라엘 백성은 '왕의 대로'를 포기하고 험난한 길로 우회해야만 했다. 지도를 보면, 그 우회로는 바로 이곳 와디 럼 방면을 지날 수밖에 없었다. 그렇게 본다면, 이 붉은 사막은 그저 아름다운 풍경이 아니다. 에서의 후예들이 터를 잡았던 땅이자, 광야를 헤매던 이스라엘 백성의 탄식과 기도가 스며든 땅이라고 여겨도 틀린 말이 아닐 듯싶다.

## 사막에서 만난 들꽃과 이슬

와디 럼의 붉은 모래사막을 걸으며, 아내와 나는 베두인 가이드가 추천한 사진 포인트에서 사진을 찍었다. 지프를 타고 오르내리던 중, 발밑에서 황량한 모래밭을 뚫고 나온 자그마한 들꽃이 피어 있는 것을 발견했다.

이 척박한 땅에서 어떻게 꽃이 피어날 수 있었을까. 사막은 낮과 밤의 기온 차가 극심해 밤사이에 이슬이 맺히게 되는데 그 이슬을 먹고 들

꽃이 피어난 것이었다. 사막에 피어난 들꽃은 정말 예쁘고 아름다웠다.

정말 그랬다. 이사야 35장의 내용을 주일학교 때부터 얼마나 많이 불렀던가! "사막에 꽃이 피어나리라, 사막에 예쁜 새들 노래하리라!" 주님이 다스리실 그 날의 꽃만큼은 아닐지라도, 내 눈앞에서, 정말로 사막에 꽃이 피어 있었다!

## 단비와 이슬

가끔 내리는 '단비'는 메마른 땅에 내리는 특별한 축복이지만, 매일 아침 소리 없이 내려앉는 '이슬'은 우리의 일상을 지탱하는 변함없는 은혜이다. 우리는 종종 행운을 상징하는 네잎클로버(단비)만을 찾아 헤매지만, 사실 우리를 행복하게 하는 것은 늘 곁에 있는 세 잎 클로버(이슬)가 아니던가! 이 척박한 사막에서 아름다운 꽃을 피워낸 것은 거창한 단비가 아닌, 바로 그 작은 이슬이었다.

그리고 하나님께서는, 출애굽 때 이 광야 길에서 매일 아침, 이슬이 마른 후에 이스라엘 백성이 거두었던 생명의 양식, 만나를 주셨다. 그것이야말로 하루치의 삶을 온전히 책임져주시는, 이슬처럼 변함없는 하나님의 사랑이었다.

## 출애굽의 거대한 무대를 상상하다

지프를 타고 달려도 끝이 보이지 않는 붉은 광야. 와디 럼의 광활함은 인간의 감각을 마비시킬 정도였다. 그리고 바로 그 광활함 속에서 나는 비로소 출애굽 사건의 거대한 규모를 어렴풋이나마 실감할 수 있었다.

장정만 60만, 전체 200만이 넘는 거대한 인파가 진을 치고 행군하기에, 이곳은 조금도 부족함이 없는 무대였다. 머리로만 상상하던 출애굽의 대이동이 가능한 현실이었음을, 이 땅을 밟아본 자만이 느낄 수 있는 전율과 함께 깨닫는 순간이었다.

와디 럼에서의 하루는 그래서 단순히 아름다운 사막 여행이 아니었다. 붉은 모래 위에서 에돔의 역사를 떠올렸고, 메마른 땅에 핀 들꽃 한 송이에서 이슬 같은 하나님의 은혜를 보았다. 그리고 마침내, 이 거대한 붉은 사막의 무대 위에서 하나님의 거룩한 백성으로 태어났던 이스라엘의 여정을 그려보았다.

광야 속에서도 생명을 피워냈던 그 작은 들꽃처럼, 오늘 이곳에서의 깨달음 또한 나의 남은 믿음의 여정 속에 결코 시들지 않는 한 장면으로 기억될 것이다.

## 21세기 광야, 21세기 순례자

사막에 어둠이 내리자, 우리의 지프는 마치 구름기둥이 멈춘 곳에 진을 치듯 사막 한가운데 자리한 안식처로 우리를 이끌었다. 눈앞에는 흑백의 줄무늬가 선명한 전통 베두인 텐트들이 늘어서 있었다.

안내원을 따라 들어간 텐트 안에는 침대와 에어컨, 심지어 화장실까지 갖춰져 있었다. 척박한 사막 한가운데서 누리는 현대 문명의 편의가 놀라웠다. 하지만 문제는 샤워실이었다. 우리 텐트는 공동 샤워실을 써야 했는데, 칠흑 같은 어둠 속에서 멀리 떨어진 곳까지 가는 것이 마음에 걸렸다. 결국 나는 약간의 추가 요금을 내고 개인 샤워 시설이 딸린 텐트로 업그레이드를 요청했다.

새로운 텐트의 열쇠를 받아 들고서야 안도의 한숨을 내쉬는 내 모습 위로, 광야의 이스라엘 백성들이 겹쳤다. 먹을 것이 없다. 마실 물이 없다고 불평하던 그들의 모습과 샤워실 하나에 안절부절못하며 기어코 편안함을 찾아낸 나의 모습. 시대와 상황은 달라도 안락함을 추구하는 인간의 본성은 이토록 변함이 없구나 싶어 웃음이 터져 나왔다. 나 역시, 광야 위에서 불평하는 21세기의 또 다른 이스라엘 백성이었다.

## 붉은 사막의 만찬

저녁 식사가 준비되는 동안, 캠프의 모든 이들은 약속이라도 한 듯 의자를 들고 사막이 가장 잘 보이는 곳으로 향했다. 붉은 사막의 장엄한 일몰을 함께 맞이하기 위함이었다.

산과 바다의 노을이 화려한 그림이라면, 사막의 노을은 참으로 장엄했다. 말없이, 그러나 온 세상을 물들이며 지평선 아래로 고요히 잠겨가는 태양. 그 마지막 빛이 붉은 사암 봉우리에 닿자, 바위는 스스로 빛을 발하는 보석처럼 타올랐다.

노을의 마지막 여운이 채 가시기도 전에, 식사가 준비되었다는 반가운 소리가 들려왔다. 식당에는 베두인의 전통 방식으로 차려진 풍성한 뷔페가 우리를 기다리고 있었다. 우리는 식당 뒤편, 모래밭으로 안내받아, 베두인 청년들이 땀 흘리며 모래 구덩이 속에서 전통 바비큐 '자릅

(Zarb)'을 꺼내는 모습을 지켜보았다.

뜨거운 모래 속에서 오랜 시간 서서히 익혀진 고기는 기름기가 쏙 빠져 놀랍도록 담백하고 부드러웠다. 광야의 지혜가 만들어낸 최고의 만찬이었다.

## 별 아래, 하나가 된 시간

맛있는 저녁 식사가 끝나자, 이국적인 음악이 흐르기 시작했다. 우리는 둥글게 모여 서로의 손을 잡고 베두인의 전통 춤을 추었다. 단순한 스텝이었지만 리듬을 익히기가 쉽지 않아, 아내는 금세 따라 했지만 나는 끝내 스텝을 제대로 배우지 못했다. 그래도 춤추는 내내 웃음이 끊이지 않았다.

비록 처음 만난 사이였지만, 국적도 언어도 다른 이들이 손을 맞잡고 춤추는 순간 우리는 하나가 되었다. 사막의 밤바람 속에 웃음이 섞이고, 이국적인 음악이 우리를 더 가깝게 만들었다. 어쩌면 출애굽 여정 중 이스라엘 백성에게도, 이렇게 별빛 아래 모여 함께 웃고 노래하고 춤추며 잠시나마 고단함을 잊던 밤도 있었으리라.

춤의 열기가 가라앉자, 모두가 의자를 들고 모닥불 주위로 모여들었다. 타닥타닥 타오르는 장작불 위로, 진짜 밤의 주인공이 모습을 드러냈다. 하늘에는 셀 수 없이 많은 별이 쏟아질 듯 펼쳐져 있었다. 인간의 손으로 만든 어떤 카메라도 이 감동을 온전히 담아낼 수는 없을 것 같았다.

우리 믿음의 조상 아브라함도 그 어느 밤, 광야 어딘가에서 이렇게 밤하늘의 별들을 올려다보았으리라.

## 광야의 별, 나의 다짐

숙소로 돌아와 잠이 들었지만, 깊은 밤, 문득 잠이 깨어 조용히 밖으로 나왔다. 사막의 고요한 어둠 위로, 밤하늘 가득 별들이 쏟아져 내리고 있었다.

아주 오래전, 이 사막 어딘가에서 출애굽 하던 이스라엘 백성 중 누군가도 나처럼 깊은 밤, 잠 못 이루고 텐트 밖으로 나와 이 별들을 올려다보지 않았을까.

그는 과연 누구였을까? 약속의 땅을 눈앞에 두고도 불평과 불신으로 스러져간 출애굽 1세대였을까? 아니면 척박한 광야에서 태어나고 자라, 마침내 젖과 꿀이 흐르는 땅을 밟았던 믿음의 2세대였을까?

그 별빛 아래서, 나도 조용히 다짐했다. 과거에 얽매여 불평하는 1세대가 아니라, 고난 속에서도 소망을 품고 약속의 땅을 향해 묵묵히 걸어가는 2세대가 되어, 마침내 가나안 땅에 들어가리라고.

# 제 2 부
# 요르단 : 약속의 땅, 그 너머를 걷다

---

### 제5장 바위의 도시, 페트라

## 1. 잃어버린 도시의 문을 열다

> 여정은 계속된다.
> 믿음의 발걸음처럼!

다음 날 아침, 사막의 고요를 깨우며 어제의 그 지프가 다시 나타났다. 캠프를 떠나기 전, 운전사는 우리에게 사막의 마지막 선물을 주려는 듯, 붉은 흙먼지를 일으키며 광야를 힘차게 내달렸다.

저 멀리, 발에 끈이 묶인 낙타 몇 마리가 눈에 들어왔다. 부자유스러움 속에서도 사막의 시간을 따라 느릿느릿 걷는 그들의 모습은 이상하리만치 평화로워 보였다.

이윽고 캠프 주차장에 도착해, 우리의 낡은 렌터카 '로시난테'에 다시 몸을 싣고 깊은 여운을 안은 채 사막을 떠났다. 이제 우리의 다음 목적지는 성경의 또 다른 위대한 장면이 펼쳐질 곳, 사도 바울이 회심 후 3년간 머물렀던 '아라비아'였다. 수많은 학자는 그곳이 바로 나바테아인의 심장이었던 페트라(Petra)였을 것이라 추정한다. 왜 그런 추정이 가능한지는 페트라에 도착해서 자세히 다루도록 하겠다.

47번 도로 위로 다시 올라서자, 붉은 사막 와디 럼은 완전히 사라졌다. 하지만 그곳에서 보았던 밤하늘의 별과 메마른 땅의 들꽃, 그리고 길 위에서 만났던 사람들의 춤과 웃음은 우리의 마음속에 오래도록 지워지지 않을 흔적을 남겼다. 우리는 또 다른 믿음의 장면을 만나기 위해 북쪽을 향해 달리기 시작했다.

## 요르단 경찰의 검문, 그리고 보이지 않는 손

47번 도로, 끝없이 펼쳐진 광야 한복판에 검문소가 나타났다. 러시아 선교사 시절, 이유 없이 외국인만 보면 벌금을 물리던 경찰에 대한 씁쓸한 기억이 되살아나며 순간 심장이 내려앉았다. 하지만 우리의 긴장과 달리, 요르단 경찰은 우리를 한번 쳐다보더니 말없이 손짓으로 통과를 허락했다. 관광객에게 친절한 요르단의 분위기에 우리는 안도했다.

하지만 안도도 잠시, 이번에는 도로 옆에 서 있던 교통경찰이 우리를 향해 손을 들었다. 차를 멈추자 경찰은 서류를 요구했고, 나는 준비한 모든 서류(여권, 비자, 국제운전면허증, 그리고 렌터카 서류)를 공손히 내밀었다. 그는 서류를 받아 들고는 나를 차에서 내리게 해, 경찰차에 앉은 상관에게로 데려갔다.

상관은 아무 설명 없이, 이미 모든 정보가 담긴 서류를 그저 훑어보며 시간을 끌었다. 문제가 있는 것도 아닌데, 의도를 알 수 없는 침묵은 나를 점점 더 답답하고 불안하게 만들었다.

바로 그 순간, 어디서 그런 용기가 났는지 모르겠다. 나는 그의 손에 들린 서류를 가볍게 낚아채듯 가지고, 망설임 없이 내 차를 향해 걸었다. 심장은 조마조마했지만 이상하게도 아무런 제지가 없었다.

차로 돌아왔을 때, 나는 그 해답을 발견했다. 조수석의 아내가, 눈을 감고 기도하고 있었다. 그제야 깨달았다. 나의 갑작스러운 용기도, 무사히 상황을 벗어난 진짜 이유도, 바로 저 보이지 않는 기도의 힘 때문이었음을. 돌이켜보면 지난 30년의 목회도 늘 그러했다. 내가 앞장서서 사역하는 동안, 아내는 보이지 않는 곳에서 언제나 기도의 방패가 되어주었다.

## 왕의 대로:
## 과거와 현재를 잇는 길

47번 도로를 벗어나, 내비게이션은 우리를 35번 도로인 '왕의 대로(King's Highway)'로 안내했다. 이름만 들어도 웅장한 역사의 숨결이 느껴지는 길이었다.

그러나 거창한 이름과 달리, 눈앞에 펼쳐진 길은 중앙선조차 희미한 왕복 2차선 시골길이었다. 효율을 위해 산을 깎는 현대의 고속도로와 달리, 왕의 대로는 수천 년 전 낙타를 탄 상인들이 그랬던 것처럼, 험준한 산맥의 능선을 따라 구불구불 이어졌다. 겉모습은 소박했지만, 이 길 위에서 이집트와 메소포타미아, 페르시아의 문명과 문명이 교차했고, 그 역사적인 길 위를 달리고 있다는 사실을 떠올리니 마음이 숙연해졌다.

풍경은 이스라엘과 확연히 달랐다. 지중해의 습한 바람 덕에 유대 광야를 제외하면 초록빛과 노란 들꽃으로 가득했던 이스라엘과 달리, 이곳 요르단은 아라비아에서 불어오는 건조하고 뜨거운 남동풍의 영향으로, 땅은 거칠었고, 바람은 모래를 실어 나르고, 드문드문 고개를 내민 회색빛 덤불과 끝없이 펼쳐진 돌투성이 밭이 끝도 없이 이어졌다.

그 황량함 속을 한참이나 달려, 우리는 겨우 작은 마을 하나를 만났다. 가게에 들러 바나나 한 송이와 비스킷, 생수 한 병을 사 들고 다시 길 위에 올랐다. 이따금 나타나는 작은 마을들에는 한 가지 공통점이 있었다. 아무리 작은 마을이라도, 그 중심에는 어김없이 하늘을 향해 뾰족하게 솟은 이슬람의 첨탑, 미나렛(Minaret)이 반드시 서 있었다. 그것은 마치, 우리나라 어디를 가든 교회의 붉은 십자가를 볼 수 있는 것과 같은 풍경이었다.

## 낯선 땅의 낯선 신앙

마을마다 우뚝 솟은 저 이슬람의 첨탑, 미나렛(Minaret)에서는 하루 다섯 번, 온 마을을 향해 기도를 명하는 소리, '아잔(Adhan)'이 울려 퍼진다.

'아잔'이 울리면 무슬림들은 하던 일을 멈추고, 해가 뜨기 전(새벽 5시경), 해가 가장 높을 때(낮 1시), 한낮과 해 질 녘 사이(3시), 해질 때(오후 6시), 해지고 나서 한 시간 반 지나서(저녁 7시 30분) 이렇게 하루 다섯 번 5~10분가량 기도한다. 놀라운 것은 기도 시간이 되면 모든 상점과 식당들도 일제히 약 30분가량 문을 닫는다는 점이다. 특히 이슬람의 창시자 무함마드가 알라로부터 꾸란을 계시받았다는 라마단 기간에는, 해가 뜰 때부터 질 때까지 금식하며 기도를 한다.

이들의 이러한 문화는 다른 문화를 만났을 때, 때로는 갈등의 불씨가 되기도 한다. 우리나라에서도 이슬람 문화권 노동자들이 늘면서, 더운

날씨에 금식으로 밥을 먹지 않아 하루 종일 축 처져 있는 모습, 기계가 한창 돌아가는데 기도하겠다고 작업을 중단하고, 퇴근 후에는 일몰 시각이 지났다고 먹고 떠들고 노는 모습에 고용주들이 어려움을 겪는다는 이야기를 듣는다. 이러한 갈등을 의식해 한국이슬람중앙회에서는 이슬람 교리에 나오듯 여행자나 노동자 등은 기도 시간을 융통성 있게 조절할 수 있다는 유연한 지침을 내리기도 했다.

여러 논란이 많은 것이 사실이지만, 모스크에서만이 아닌 삶의 한복판에서 기꺼이 무릎을 꿇는 그들의 신앙, 그리고 하루 다섯 번 시간을 정해서 하는 기도의 열정만큼은, 우리가 본받고 회복해야 할 신앙의 모습이 아닐지 생각했다.

## 황무지 속
## 성경의 땅

왕의 대로를 따라 우리는 이름 모를 황무지를 달리고 또 달렸다. 사방은 메마르고 황량했지만, 이곳 역시 성경의 땅임은 분명했다. 단지 우리가 모르고 있을 뿐. 그렇게 생각하자 낯선 땅이 조금은 친숙하게 느껴졌다.

바로 그때였다. 삭막한 풍경 속으로 거짓말처럼 한 무리의 양 떼가 나타났다. 메마른 땅에서 무엇을 먹는지, 작은 덤불에 코를 박고 부지런히 풀을 뜯는 모습은 그 자체로 평화였다. 우리는 차를 세우고 양 떼를

향해 다가갔다. 우리의 접근에 경계심을 드러낸 개들의 요란한 짖음이 정적을 깨뜨렸고, 이내 양들의 주인이 모습을 드러냈다.

햇볕에 그을린 얼굴과 깊게 팬 주름. 그는 마치 구약성경 속에서 그대로 걸어 나온 듯한 베두인 목자였다. 우리는 조심스럽게 허락을 구하고 그와 함께 사진을 찍었다. 수천 년의 시간을 뛰어넘어, 오늘을 사는 목회자와 고대의 목자가 잠시 하나가 된 순간이었다.

그 따뜻한 만남을 뒤로하고, 우리는 다시 차에 올랐다. 이제 우리의 목적지는 구약시대 에돔의 땅이자, 아라비아의 나바테아인들이 세운 왕국, 페트라(Petra)를 향해 달리고 달렸다.

## 나바테아인들과 페트라의 기원

나바테아인들은 본래 낙타의 등 위에서 생을 꾸리고, 밤하늘의 별을 지붕 삼아 천막에서 잠들던 아라비아 사막을 떠돌던 유목민이었다. 그러나 어느 순간부터 그들은 시대의 흐름을 읽기 시작했고, 대상(隊商)의 길목을 지키는 것을 넘어 직접 아프리카의 상아를 비롯한 여러 물품과 인도에서 온 향신료 등, 여러 상품들을 교역하며 막대한 부를 쌓았다.

특히 그들의 손을 거친 '유향(Frankincense)'은 신에게 바치는 향기로서 당시에는 황금보다 귀한 엄청난 가치를 지녔다. 내셔널 지오그래픽의 기록에 따르면, 당시 로마 제국이 유향을 사기 위해 쓴 돈이 매년 현재 가치로 약 1억 8천만 달러(우리 돈 약 2,400억 원)에 달했다고 하니, 그들이 교역을 통해 쌓아 올린 부가 얼마나 막대했을지 짐작조차 하기 어렵다.

막대한 부는 나바테아인들에게 사막의 모래바람 대신 정착 생활의 꿈을 꾸게 했다. 그리고 그 꿈을 현실로 만든 것은 다름 아닌 물을 다스리는 지혜였다. 사막을 떠돌던 시절, 빗물 한 방울도 소중히 여겼던 그들의 생존 방식은, 바위 속에 물길을 내고 거대한 저수조를 파는 경이로운 기술로 발전했다. 사막에서 살아남는 법을 알았기에, 그들은 사막의 심장부에 위대한 도시를 세울 수 있었다.

그렇게 탄생한 도시가 바로 '페트라(Petra)', 헬라어로 '바위'를 의미하는 난공불락의 요새 도시였다. 지금 우리가 향하는 페트라는, 바로 그 사막 유목민들의 땀과 지혜, 그리고 불멸을 향한 열망이 빚어낸 위대한 결실인 것이다.

## 가장 완벽한 안내자

차는 고요한 산길을 올랐다. 길 위에는 우리 차를 제외하고는 오가는 차가 없었다. 이름 모를 마을과 밭 사이의 좁은 길을 지나자 길은 점점 더 깊어지는 계곡 속으로 우리를 이끌었다. 이곳에서 우리의 유일한 길잡이는 오직 구글 맵뿐이었다. 핸드폰의 작은 액정 화면이 보여주는 파란색 선 하나에 우리의 모든 방향과 안전을 온전히 내맡기고 있었다.

문득 그런 내 모습 위로, 내 삶의 안내자이신 하나님이 떠올랐다. '나는 과연 하나님을 이토록 절실히 의지했던 적이 있었나?' 늘 내 인생의 주인이 하나님이시라고 고백하면서도, 정작 그분께 온전히 의탁하지 못했던 순간들이 떠올라 죄송스러웠다.

이 고요한 산길에서, 나는 다시 한번 하나님께 내 삶의 지도를 넘겨드리기로 다짐 했다. 내가 모르는 길 위에 서 있고, 알지 못하는 길을 갈 때조차, 나의 가장 안벽한 안내자는 하나님이심을 결코 잊지 않겠노라고.

## 므리바, 마르지 않는 은혜의 샘

한참을 달려 35번 도로를 빠져나오자, 메마른 풍경과 달리 제법 활기찬 마을이 나타났다. 이내 대형 관광버스 몇 대와 눈에 익은 건물이 보였다. 바로 이곳, 모세가 반석을 쳐 샘물을 내었던 곳, 성경 출애굽기에 기록된 '므리바(다툼)'의 현장이었다. 그래서 모세가 지나간 계곡이란 의미에서 이곳 사람들은 '모세의 계곡(와디 무사)' 혹은 '모세의 샘(아인 무사)'이라 부르며 그 기적을 오늘까지 기억하고 있었다.

요르단은 물이 귀한 땅이다. 이전에 이곳을 방문했을 때, 현지 가이드의 말에 따르면 요르단에서는 수돗물이 일주일에 단 하루만 공급된다고 했다. 그러나 이 샘물은 수천 년이 지나도록 마르지 않고 여전히 풍성하게 물이 솟아나며, 이 지역 주민들의 생명수 역할을 하고 있었다.

예수님께서 "내가 주는 물은 영원히 목마르지 않으리라"고 하신 말씀이 떠올랐다. 므리바의 샘물이 광야 이스라엘 백성들의 육적인 목마름을 해결해 준 하나님의 선물이었다면, 예수님은 우리의 영혼의 갈증을 영원히 해결해 주시는 생명의 샘물이시다. 이 메마른 땅에서 솟아나는 이 샘물은, 하나님의 은혜가 얼마나 변함없고 풍성한지를 보여주는 살아 있는 증거였다.

## 관광객과 순례자의 사이

차를 세우고 들어가 보니, 미국에서 온 성지순례객들이 있었고, 잠시 후에는 한 무리의 중국인 관광객들이 왁자지껄하게 들어왔다.

과거 이스라엘 성지순례 중에 마주친 중국인들을 보면서, 핍박 속에서도 믿음을 지키는 중국의 지하교회 성도들이 성지순례를 온 것이라 짐작하며 감동을 했었다. 하지만 나중에 들은 이야기는 달랐다. 그들은 신앙인들이 아니라, 부를 축척한 중국인들이 세계적인 명소를 둘러보는 관광객이라는 이야기를 듣게 되었다. 이곳 요르단에서 므리바 샘물을 대하는 태도를 보니 그 말이 맞는 것 같았다.

아내와 나는 인파가 잦아들기를 기다리다가 기도를 드렸다. 그들에게는 그저 스쳐 가는 관광지일지라도, 우리에게는 성경 속 사건을 떠올리며 기도하는 현장이었기 때문이다. 나는 우리의 남은 인생길에도 이처럼 영원히 마르지 않는 은혜의 샘물이 솟아나기를 간절히 기도했다. 그리고 우리는 다음 목적지를 향해 다시 길을 나섰다.

## 페트라를 향해서

페트라는 얼마 남지 않은 거리에 있었다. 지난 번 이곳 방문과 이번 방문을 통해서 내 안에는 한 가지 확신이 자리 잡았다. 이곳 페트라 역시, 출애굽 광야 길의 현장이었으리라는 것이다.
그렇게 확신하는 이유는 첫째, 모세가 반석을 쳐 샘물을 낸 와디 무사에서 페트라까지의 거리는 매우 가깝다는 점이다. 둘째, 200만이 넘는 거대한 행렬이었다면 충분히 그럴 개연성이 있다고 본다. 그리고 무엇보다 결정적으로, 아론이 묻힌 호르 산으로 추정되는 '자발 하룬(Jabal Haroun, 아론의 산)'이 바로 페트라에서 가장 높은 산이라고 말하지 않는가!

구불구불한 마을길을 따라 내려가자 점점 관광지의 모습이 드러나기 시작했다. 호텔에 도착해 차를 세우려 했지만, 직원은 익숙하다는 듯 주차장이 없다며 멀리 떨어진 공터를 가리켰다. 결국 아내와 함께 무거운 짐부터 내려놓고 공터에 차를 세운 후, 다시 숙소로 걸어 돌아왔다.

숙소 로비에서 낯익은 얼굴들과 마주쳤다. 바로 '모세의 샘(아인 무사)'에서 만났던 미국인 성지순례객들이었다. 그들도 이 호텔에 묵는 것 같았다. 성지순례의 여정의 위에서 동선이 겹친다는 왠지 모를 동질감이 느껴졌다. 방에 들어서자 하루 종일 이동한 피로가 한꺼번에 몰려왔고, 우리는 씻고 나서 곧바로 깊은 잠에 빠져들었다.

## 페트라에서 맞은 아침

이른 아침, 창밖에서 들려오는 낯선 언어들과 접시 부딪히는 소리에 잠에서 깼다. 커튼을 젖히니, 하루를 서두르는 여행자들로 가득한 식당이 바로 눈앞에 보였다. 페트라의 아침은 그렇게 활기차게 그리고 소란스럽게 시작되고 있었다.

짐을 정리해 프론트에 맡기고, 아내와 함께 조식을 먹으러 갔다. 오늘 아침도 간단했다. 오이, 계란프라이, 빵, 그리고 햄이 전부였다. 여행의 큰 즐거움 중 하나는 그곳의 음식을 맛보는 것이라지만, 긴 여정은 우리의 미각마저 무디게 만든 듯했다. 식사는 맛이 아닌 하루를 버티기 위한 '끼니를 때우는' 시간으로 전락하고 있었다.

비록 입맛은 잃었지만, 페트라의 거대한 신비로움이 펼쳐질 오늘을 기대하며 우리는 접시를 비우고, 밖으로 나섰다.

## 에돔의 땅, 페트라와 나바테아인

한국에서 미리 구입한 '요르단 관광 패스' 덕분에 추가 비용 없이 바로 입장할 수 있었다. 페트라가 위치한 이 땅의 원래 주인은 바로 야곱의 형, 에서의 후예인 에돔 족속이었다.

성경은 에돔의 주요 도시인 이곳을 '셀라'(열왕기하 14:7)라 불렀는데, 이는 히브리어로 '바위'라는 뜻이다. 훗날 이 땅을 차지한 이들은 그리스어로 똑같이 '바위'를 의미하는 '페트라(Petra)'라는 새 이름을 붙였다.

그러나 역사의 거대한 물결은 이 땅의 주인을 바꾸어 놓았다. BC 722년 북이스라엘이 앗시리아에 멸망하고, BC 586년 남유다가 바벨론에 의해 멸망하면서 에돔의 국력도 쇠락의 길을 걸었다. 그리고 그 힘의 공백을 파고든 이들이 바로 아라비아의 유목민, 나바테아인이었다. 그들은 이 붉은 협곡에 자신들의 왕국을 건설했고, 전성기에는 인구 3만 명이 넘는 거대한 도시 국가를 이룩했다.

문득, 우리가 묵었던 숙소 근처에서 보았던 '에돔 호텔'이라는 낡은 간

판이 떠올랐다. 비록 지금은 나바테인의 유적이 그 화려함을 뽐내고 있지만, 이 땅의 가장 오래된 이름 '에돔'은 여전히 곳곳에 흔적처럼 남아 있었다.

## 시크, 붉은 협곡 속으로

페트라 입구는 수많은 관광객과 호객꾼들이 넘쳐났다. 나귀를 태워 주겠다는 사람, 가이드를 해주겠다는 사람, 끊임없이 말을 걸어오며 우리를 따라다녔다. 우리는 별다른 대꾸 없이 붉은 바위가 갈라진 틈, 아랍어로 '시크(Siq)'라 불리는 좁은 협곡으로 들어섰다.

페트라 입구에서 알카즈네 신전까지는 약 1시간 정도 걸리는 거리다. 그것은 단순한 협곡이 아니었다. 거대한 바위산을 통째로 쪼갠 듯한 이 길은, 나바테아인들이 자신들의 수도로 들어가는 신성한 관문으로 삼았던 곳이다. 길 양옆 바위벽을 따라 수로(水路)의 흔적이 선명했다. 척박한 사막에서 물을 생명처럼 여겼던 그들의 지혜가 2천 년의 시간을 넘어 말을 걸어오는 듯했다.

좁고 길게 이어진 협곡 사이를 걷는 동안, 아내는 꾸준히 잘 따라와 주었다. 그 동행이 길 위에서 큰 힘이 되었다. 많은 이들이 이곳에서 '인생 사진'을 남긴다지만, 나는 아무리 찍어도 마음에 드는 사진을 건지지 못했다. 모델 탓일까, 아니면 사진 실력 탓일까?

## 2. 왕의 무덤, 사도의 첫걸음

### 알카즈네 신전과 바울의 흔적

마침내 좁은 협곡 끝에서, 알카즈네 신전이 모습을 드러냈다. 거대한 절벽을 통째로 깎아 만든 이 신전은 아랍어로 '보물'이라는 뜻을 가진 알카즈네(Al-Khazneh)로 불린다. 사람들은 오랫동안 이곳이 이집트 파라오의 보물이 숨겨진 창고라고 믿었다. 그러나 역사는 이곳이 나바테아 왕국의 최전성기를 이끌었던 아레타스 4세의 무덤이라고 말한다. 그리고 그 이름, '아레타스'는 성경에서도 발견된다.

"다메섹에서 아레다 왕의 고관이 나를 잡으려고 다메섹 성을 지켰으나..." (고린도후서 11:32)

사도 바울이 목숨을 걸고 탈출해야 했던 그 순간, 그를 잡으려 고관을 보냈던 '아레다 왕'이 바로 내 눈앞의 무덤 주인, 아레타스 4세였다.

그렇다면 왜, 이 강력한 왕이 무명의 바울을 잡으려고 했을까? 그 답의 실마리는 갈라디아서에 기록된 바울의 행적에 있었다. 다메섹에서 부활하신 예수님을 만나 회심한 바울은 곧장 사역을 시작하지 않고, 홀연히 '아라비아'로 떠나 3년의 시간을 보낸다. 수많은 성경학자는 그 '아라비아'가 바로 아라비아의 유목민 나바테아인의 심장이었던, 이곳 페트라였다고 추정한다.

이제 막 예수님을 만나 인생이 송두리째 바뀐 바울이 이 거대한 이방 신의 도시 한복판에서 얼마나 뜨겁게 "예수는 그리스도"라고 외쳤고, 그의 복음 전파가 일으킨 파문이 얼마나 컸으면, 왕국의 통치자가 직접 그를 체포하러 군사를 풀었을까. 알카즈네 신전의 웅장함 앞에서, 나는 2천 년 전 이곳을 거닐었을 사도 바울의 뜨거운 열정과 고독한 발걸음을 상상해 보았다. 이곳은 그저 죽은 왕의 무덤이 아니었다. 위대한 사도의 첫 복음이 울려 퍼졌을, 살아 있는 역사의 현장이었다.

## 1달러의 행복, 높은 곳에서 바라본 페트라

알카즈네 신전 앞에서 사진을 찍으려고 할 때, 한 호객꾼이 다가왔다. 신전을 가장 멋지게 담을 수 있는 '특별한 장소'로 안내해 주겠다며, 통행세로 1달러를 요구했다. 잠시 망설였지만, 우리는 그의 제안을 따르기로 했다.

좁고 가파른 바위틈을 오르는 그 길은 곡예에 가까웠다. 하지만 마침내 도착한 그곳에서, 우리의 눈앞에는 1달러의 가치를 몇십 배는 뛰어넘는 풍경이 선물처럼 펼쳐졌다. 장엄한 알카즈네 신전이 한눈에 내려다 보이는 완벽한 구도, 우리는 그 풍경을 사진에 아낌없이 담았다.

우리는 다시 내려와 다른 왕들의 무덤에도 올라가 보았다. 높은 곳에서 도시 전체를 내려다보며 한참 동안 그 고대의 숨결을 느꼈다. 만약 정해진 일정에 쫓기는 단체 여행이었다면, 이 높은 곳에 올라와 이토록 오랫동안 머물 수 있었을까? 시간에 구애받지 않고, 마음이 이끄는 곳에 머물며, 마음껏 보고 느낄 수 있는 자유, 이것이야말로 우리가 낡은 렌터카를 빌려 이 낯선 땅을 헤매는 이유였다.

그 벅찬 자유를 마음껏 누리고 천천히 입구를 향해 걸어 나왔다. 한 시간 남짓 걸렸을까? 그렇게 고대 도시의 시간에서 빠져나오니, 어느덧 점심시간이었다.

## 서울페트라 한인식당

점심은 '모세의 샘(아인 무사)'에서 페트라로 가기 위해 마을로 내려오던 길에 보았던 반가운 한글 간판, 그 한인 식당에서 먹기로 했다.

하지만 구글 맵에는 나오지 않는 곳이고, 익숙하지 않은 길이어서, '이

쯤이었을까' 하며, 고개를 몇 번 이나 오르락내리락 한 끝에 마침내 반가운 간판을 다시 찾을 수 있었다. 식당은 한 초등학교 앞, 평범한 요르단의 주택가에 자리한 '서울페트라 한인식당'이었다.

문 안으로 들어서자 손님은 우리뿐이었다. 적막한 분위기 속에서도 코끝을 스치는 한국 음식의 익숙한 향내는 그 자체로 반가웠고, 이미 위로를 받는 기분이었다.

여행이 길어질수록, 익숙한 음식이 주는 위로는 생각보다 훨씬 크다. 단순히 허기를 채우는 것을 넘어, 고향의 맛은 지친 우리의 영혼까지 어루만져 주는 듯했다. 길을 헤맨 수고가 전혀 아깝지 않은 탁월한 선택이었다.

## 청국장이 전해준 위로

일주일 만이었다. 튀르키예에서 마지막 한식을 맛본 후, 우리의 혀는 줄곧 고향의 맛을 그리워하고 있었다. 그리고 마침내 이곳 요르단에서 그 그리움이 채워지는 순간을 맞았다.

우리 앞에 차려진 것은 단순한 밥상이 아니었다. 구수한 청국장과 나물 반찬, 상추와 깻잎, 고추장까지, 그 익숙한 음식들은 마치 "그동안 고생 많았지?" 하고 말을 걸어오는 듯, 낯선 땅에서 애쓴 우리를 다독

여주는 따뜻한 위로 그 자체였다.

식당 주인께서는 어릴 적 시골에서 자라 나물에 대해 잘 알고 있기에, 요르단 들판에서 직접 나물을 따서 요리한다고 말해 주었다. 그 정성이 담긴 한 끼를 먹으며, 나는 하나님께서 우리에게 허락하신 모든 시간은 결코 헛되지 않다는 성경의 진리를 다시금 깨달았다.

러시아 속담에 "빵이 없으면 먹은 것 같지 않다.(Без хлеба не наешься)"는 말이 있다. 그 말처럼, 우리에겐 돌솥밥과 보글보글 끓는 청국장, 그리고 김치가 바로 그 '빵'이었다. 그제야 비로소 제대로 된 식사를 한 듯, 속 깊은 곳에서부터 만족감이 차올랐다. 인심 좋은

주인 분의 넉넉함 덕분에 배뿐만 아니라 마음까지 채웠다.

이곳에서 맛본 한 끼는 단순한 식사가 아니라, 지친 우리를 위로하고 다시 앞으로 나아갈 힘과 용기를 불어넣어 준 하나님의 특별한 선물이었다.

# 제 2 부
# 요르단 : 약속의 땅, 그 너머를 걷다

## 제6장 왕의 대로, 경계를 넘어서

## 1. 세렛 골짜기: 한 시대의 끝, 새로운 시작

### 35번 도로에서 만난
### 두 가지 풍경

든든한 점심으로 몸과 마음을 채우고, 우리는 다시 35번 도로에 올랐다. 다음 목적지로 향하는 왕복 3차선 도로를 달리며, 우리는 두 가지 흥미로운 풍경을 통해 인간의 지혜와 자연의 경이로움을 만났다.

첫 번째는 왕복 3차선 도로의 중앙선이 고정되어 있지 않다는 것이었다. 교통량에 따라 유연하게 차선을 변경하며, 어떨 때는 우리에게 두 차선을 내어주다가도, 어느 순간 반대편에 두 차선을 할당해 주었다. 좁은 도로를 최대한 효율적으로 활용하려는 그들의 실용적인 지혜가 신선한 충격으로 다가왔다.

둘째, 도로 양옆의 모든 나무들이 약속이나 한 듯 모두 동쪽으로 심하게 기울어져 있는 풍경이었다. 세찬 바람 때문인지, 한 줌의 햇볕이라도 더 받으려는 나무의 생존 본능 때문인지는 알 수 없었지만, 그 독특한 풍경은 인상적이었다.

인간은 길을 내고, 자연은 그 길 위에서 자신만의 방식으로 환경에 적응하며 살아남고 있었다. 그 끈질긴 생명력 앞에서 나는 다시 한번 경이로움을 느꼈다.

## 로시난테,
## 왕의 대로를 달리다

요르단의 건축물들은 솔직히 단조로웠다. 개성 없는 흰색 건물들이 천편일률적으로 늘어서 있었다. 그러나 그 평범한 풍경 아래로, 우리는 인류의 가장 오래된 길 중 하나인 '왕의 대로(King's Highway)'를 달리고 있었다.

학창 시절 교과서에서 수없이 보았던 이름, 이집트와 아라비아에서 시작해 다마스쿠스까지 이어지던 그 장대한 무역로 위를 직접 달리고 있다는 사실이 새삼 벅찬 감격으로 다가왔다. 수천 년 전, 향료와 비단을 실은 낙타의 행렬이 묵묵히 걸었을 이 길을, 이제 우리가 우리의 '로시난테' 운전대를 잡고 달리고 있었다.

때로는 구글 맵조차 길을 잃는 순간도 있었다. 내비게이션의 안내가 끊기고 나무 한 그루 없는 황량한 산길로 접어들 때면 잠시 막막해지기도 했다. 그러나 신기하게도, 오가는 차 하나 없는 그 완전한 적막 속에서, 우리는 오히려 시간과 공간을 넘어선 역사의 숨결을 더욱 깊이 느낄 수 있었다. 우리의 여정은 그렇게 계속되었다.

## 에돔과 모압의 경계, 세렛 골짜기

날은 흐렸고, 굵어지는 빗방울 속에서, 우리는 마침내 세렛 골짜기와 마주했다. 성경이 에돔과 모압의 경계라 기록한 곳, 오늘날 '와디 알 하사(Wadi al-Hasa)'라 불리는 거대한 협곡이다.

세렛 골짜기는 그저 '경계'라고 하기엔 너무나 압도적이었다. 이곳에서 저쪽까지의 폭이 6km에 달하는 거대한 자연의 협곡은 마치 한쪽 세상이 끝나고 다른 세상이 시작되는 분기점처럼 보였다. 수천 년의 시간이 흘러 민족과 국가의 이름은 바뀌었어도, 이곳은 여전히 요르단의 타필라(Tafilah) 주와 카라크(Karak) 주를 가르는 분명한 경계로 남아있었다. 시간의 흐름조차 넘지 못한 대자연의 엄숙함이었다.

그러나 성경에서 세렛 골짜기는 단순한 지리적 경계를 넘어, 한 시대가 저물고 새로운 시대가 시작되는 장엄한 시간의 경계였다.

"이제 너희는 일어나서 세렛 시내를 건너가라 하시기로 우리가 세렛 시내를 건넜으니 가데스 바네아에서 떠나 세렛 시내를 건너기까지 삼십 팔 년 동안이라 이 때에는 그 시대의 모든 군인들이 여호와께서 그들에게 맹세하신 대로 진영 중에서 다 멸망하였나니" (신명기 2:13-14)

약속의 땅을 목전에 두고도 불신과 원망으로 가득했던 출애굽 1세대는, 38년의 기나긴 세월 동안 광야에서 죽어 갔다. 그리고 마침내, 광야에서 태어나고 자란 새로운 세대, 오직 믿음의 눈으로 약속을 바라보았던 여호수아와 갈렙을 필두로 한 2세대만이 세렛 골짜기 앞에 설 수 있었다.

그들에게 이 골짜기는 아버지 세대의 실패와 좌절이 묻힌 눈물의 장소이자, 동시에 자신들에게 주어진 약속의 땅을 향해 첫발을 내딛는 희망의 출발선이었다. 성경이 그들이 이곳에 진을 쳤다고 기록한 것은, 불순종의 역사를 마감하고, 순종의 역사를 새롭게 써 내려가기 위한 거룩한 결단의 시간이 이곳에서 시작되었음을 보여준다.

## 믿음은 계산이 아니라, 출발이다

때때로 우리는 다가올 미래 앞에 두려움을 느낀다. "저 너머에는 무엇이 기다리고 있을까? 나는 과연 그곳에서 잘 해낼 수 있을까?" 세렛 골짜기 아래 진을 친 출애굽 2세대 역시, 아득히 높은 고원을 바라보며 똑같은 두려움과 불안에 휩싸였을 것이다. 그들은 실패했던 부모 세대의 마지막을 보았고, 자신들 앞에도 여전히 거대한 장벽이 놓여 있었다.

그러나 하나님은 바로 그 순간, 광야 생활 39년째가 시작되는 바로 그 순간, 그들에게 명령하셨다. "일어나 저 골짜기를 건너라!" 믿음이란 내 앞의 골짜기가 얼마나 깊은지, 올라야 할 고원이 얼마나 높은지를 계산하는 것이 아니다. 그저 하나님께서 말씀하시면, 우리는 그 길을 떠나는 것이다! 그분이 책임져 주실 것이기에 우리는 두려워할 필요가 없다.

그 마음으로 우리도 서서히 세렛 골짜기 깊은 곳을 향해 내려가기 시작했다. 빗방울이 제법 더 굵어졌다. 우리는 조심스럽게 협곡의 맨 밑까지 내려가, 강 상류를 향해 달렸고, 이내 구불구불한 오르막길로 접어들었다. 늙고 삐쩍 마른 로시난테처럼, 우리의 낡은 닛산 자동차는 털털거리면서도, 기특하게 빗속의 비탈길을 올랐다.

길 중간중간 차창 밖으로 펼쳐지는 풍경에 몇 번이고 차를 세우고 싶었지만 그럴 수 없었다. 우리의 로시난테가 변덕을 부리며 멈춰 서 버릴까 두려웠기 때문이다. 마침내, 경사가 완만해진 곳에서 우리는 약속이라도 한 듯 차를 세웠다.

차에서 내리자, 내리는 비에 젖은 협곡 사이로 물안개가 피어올라 마치 산수화 속 풍경처럼 골짜기의 아래쪽은 온통 안개에 가려져, 우리는 구름 바다 위에 서 있고, 우리가 방금 떠나온 반대편 봉우리만이 외로운 섬처럼 떠 있었다. 우리는 이 경이로운 장면을 감탄하며 사진을 찍었다. 그 어떤 사진도 우리의 눈으로 본 것처럼 생생하지 않다는 것은 이미 알고 있는 사실이지만, 그래도 그 감동의 조각이라도 남겨두기 위해 사진을 찍기 시작했다.

## 2. 아르논 골짜기: 두려움을 건너, 은혜를 보다

### 룻의 고향, 모압 땅으로 향하다

세렛 골짜기의 깊은 협곡을 넘어서자, 그간 황량했던 에돔의 땅과는 사뭇 다른 풍경이 펼쳐졌다. 비옥한 고원의 땅, 바로 이방 여인 룻이 훗날 시어머니 나오미를 따라 베들레헴으로 떠나기 전까지 살았던 그녀의 고향, 모압이었다.

옛 모압의 수도는 성경에 '길하레셋(Kir-hareseth)'이라 기록된 케락(Kerak)이었다. 그리고 그곳은, 이스라엘 왕국 분열시대의 한 치열했던 전쟁의 무대이기도 했다. 열왕기하 3장은 그날의 역사를 생생히 증언한다. 모압 왕 메사는 그동안 북이스라엘에 바쳐오던 조공을 거부하며 반기를 든다. 이에 분노한 이스라엘의 여호람 왕은 남유다의 여호사밧 왕, 그리고 우리가 방금 건너온 땅 에돔 왕과 연합하여 모압 정벌에 나선다.

연합군의 파상공세에 모압은 속수무책으로 무너졌고, 메사 왕은 마지막 보루인 케락 성에 갇히는 신세가 된다. 패배를 눈 앞에 둔 모압 왕 메사는, 성벽 위에서 자신의 맏아들을 그들의 신 그모스에게 번제물로 바치는 끔찍하고도 처절한 의식을 거행한다. 왕자의 비명과 함께 피어오른 연기를 본 이스라엘 연합군은 큰 충격과 공포에 사로잡혀 결국 포위를 풀고 퇴각하고 만다.

이 충격적인 사건은 성경에만 기록된 것이 아니다. 19세기 인근 디본에서 발견된 '메사 왕 석비(Mesha Stele)'에도, 모압 왕 메사가 이 전쟁의 승리를 주장하며 그모스 신에게 영광을 돌리는 내용이 똑같이 새겨져 있다. 성경의 기록을 이방인의 입장에서 교차 검증해 주는 놀라운 고고학적 증거인 것이다.

우리는 지금, 이방 여인이었던 룻의 아름다운 믿음과, 자기 아들을 제

물로 바쳐서라도 나라를 지키려 했던 모압 왕 메사의 처절한 역사가 공존하는 땅, 모압으로 깊숙이 들어가고 있었다.

## 고된 여정, 그리고 모스크에서의 잠깐의 휴식

빗줄기는 더욱 굵어졌고, 우리의 여정은 한층 더 속도를 낼 수밖에 없었다. 오늘 우리의 최종 목적지는 헤롯의 별궁이며 세례 요한의 순교지인 마케루스, 그곳에 가려면 반드시 모압의 옛 수도, 케락 성을 지나쳐야 했다. 고요하던 광야 길과는 달리, 케락은 상점과 인파로 북적이는 살아있는 도시였다.

잠시 차를 세워 화장실을 찾던 우리는, 길가 이슬람 모스크를 발견했다. 교회처럼 당연히 화장실이 있을 것이라는 단순한 생각으로, 생전처음 조심스럽게 모스크 안으로 들어섰다. 예배 시간이 아니었는지 내부는 텅 비어 있었고, 깊은 정적이 흘렀다.

낯선 종교 공간에 들어 왔다는 사실과 모든 무슬림이 테러리스트는 아니라는 이성적인 생각에도 불구하고 영화와 뉴스를 통해 접했던 테러리스트의 잔인한 기억에 잠시 긴장이 되었다. 하지만 우리는 얌전히 화장실 표시를 따라 지하 계단으로 내려갔다. 다행히 아무 일 없이 용무를 마치고 나올 수 있었지만, 이방인의 땅에서 잠시나마 낯선 이의 공간을 빌렸던 그 순간의 긴장감은 쉽게 잊히지 않았다.

## 아르논 골짜기의 안갯속을 내려가다

케락의 번잡함을 뒤로하고 우리의 목적지를 향하여 가는 동안 빗줄기는 한층 더 거세졌고, 짙은 안개가 순식간에 차를 집어삼켰다. 라이트를 켜고, 와이퍼는 쉴 틈 없이 좌우로 움직였지만, 쏟아지는 비를 감당하기엔 역부족이었다. 차 안은 습기와의 전쟁이었다. 우리는 에어컨을 틀어 앞 유리의 시야를 확보해야만 했지만, 보이는 것은 바로 눈 앞일 뿐이었다.

딱 한번 타봤던 그 이후 무서워서 더 이상 탈 수 없었던 에버랜드 티익스프레스가 정점에서 아래로 곤두박질치기 직전처럼, 차는 서서히 아래를 향하기 시작했다. 짙은 안개만 없다면 두려움이 없을 것이지만,

한치 앞도 보이지 않는 이 상황 속에서 우리는 그저 미지의 거대한 심연 속으로 서서히 빨려 들어가고 있었다.

이곳이 바로 거대한 '아르논 골짜기(Wadi Mujib)'였다. 조금 전 우리가 지났던 세렛 골짜기의 폭이 약 6km였고, 이곳 아르논 골짜기도 폭이 4km가 넘는 거대한 협곡이다. 우리는 지금, 그 깊이를 가늠할 수 없는 안갯속 협곡을 향해 위태로운 하강을 시작한 것이다. 이런 악천후에는 이 길의 위험을 아는 현지인들은 다니지 않는 듯, 오가는 차량은 한 대도 보이지 않았다.

## 먼저 건너고, 후에 보리라

출애굽 당시, 이스라엘 백성들은 바로 이 아르논 골짜기 앞에서 하나님의 명령을 받았다. "너희는 방향을 돌려 행진하여 아르논 강을 건너라."(신명기 2장 24절) 그 명령 하나에 의지해, 그들은 골짜기 건너편에는 어떤 곳이 있을지도 모르는 미지의 땅을 향해 이 거대한 협곡을 넘었다.

훗날 르우벤 지파와 모압의 경계가 된 바로 이 땅을, 우리 역시 그들의 여정을 따랐다. 짙은 안갯속을 헤치며 위태롭게 협곡의 바닥을 향해 구불구불한 길을 조심조심 내려갔고, 현대에 건설된 '무집 댐(Mujib Dam)'을 건넌 후에는 다시 오르막길을 올라갔다.

신기하게도, 오르막길을 절반쯤 올랐을까, 빗줄기가 가늘어지기 시작했다. 그리고 마침내 골짜기의 정상에 다다랐을 때, 믿을 수 없는 일이 일어났다.

마치 거대한 연극의 막이 오르듯, 우리를 가두었던 안개가 마법처럼 걷히기 시작했다. 그리고 그 안개 너머로, 우리가 방금 건너온 거대한 아르논 골짜기의 장대한 전경이 모습을 드러냈다. 조금 전까지 한 치 앞도 볼 수 없었던, 오직 믿음 하나로 더듬어 내려갔다 올라온 그 아찔한 길이, 이제는 한 폭의 그림처럼 눈앞에 펼쳐져 있었다. 보지 못하고도 건넜던 길을, 비로소 눈으로 확인하는 순간. 그 벅찬 감동은 경험해 본 자만이 누릴 수 있는 하나님의 특별한 은혜였다.

# 아르논,
## 룻과 나오미의 눈물을 기억하다

그러나 아르논은 단지 이스라엘 백성들의 광야 여정이나 왕들의 전쟁터만은 아니었다. 이곳은 훗날, 한 여인이 자신의 모든 것을 버리고 시어머니의 하나님을 따라 나섰던 믿음의 길이기도 했다. 바로 룻의 고향, 모압의 땅을 가로지르는 길목이었기 때문이다.

남편도, 아들도, 모든 소망도 잃은 시어머니 나오미와, 그런 시어머니를 차마 홀로 보낼 수 없었던 이방 여인 룻, 그 두 연약한 여인은 이 거대

한 협곡을 어떤 마음으로 건넜을까. 그들의 모습 위로, 느보산 기념교회에서 보았던 낡은 흑백 사진 속 두 베두인 여인의 고독한 모습이 겹쳐지며 가슴이 먹먹해져 왔다.

물론, 안갯속을 내려오던 순간의 아찔함은 에버랜드의 티익스프레스와 견주어도 모자람이 없었다. 하지만 세상의 놀이기구는 한 번의 짜릿함으로 족하지만, 이 거룩한 아찔함은 몇 번이고 다시 경험하고 싶은 깊이가 있었다.

언젠가 다시 이 길 위에 서고 싶다. 룻과 나오미의 믿음의 발걸음을, 그리고 내 눈앞은 보이지 않아도 신실하게 길을 여시는 하나님의 손길을 다시 한번 온몸으로 느끼고 싶다. 아르논 골짜기는 내게, 단순한 지명이 아니라 믿음의 이정표로 남았다.

# 제 2 부
# 요르단 : 약속의 땅, 그 너머를 걷다

### 제7장 마지막 순례: 요단 동편의 성지들

## 1. 마케루스: 욕망의 폐허, 순종의 길을 묻다

> 마케루스,
> 헤롯의 욕망과 요한의 순교의 자리

아르논의 벅찬 감동과 룻의 이야기를 나누는 사이, 하늘은 거짓말처럼 맑게 개었다. 우리는 이제 다음 목적지, 마케루스를 향해 달렸다.

마케루스는 헤롯 대왕의 불안과 욕망이 빚어낸 거대한 요새의 이름이다. 에돔 출신이라는 태생적 콤플렉스에 시달렸던 그는, 유대인의 환심을 사기 위해 예루살렘 성전을 화려하게 증축하면서도, 한편으로는 언제나 왕좌를 빼앗길지 모른다는 공포에 시달렸다. 그 공포가 빚어낸 것이 바로 헤로디움, 마사다, 그리고 요단 동편의 외로운 봉우리 위에 세운 이곳, 마케루스였다.

아버지 헤롯 대왕의 요새는 아들 헤롯 안티파스에게 그대로 계승되었다. 그는 자신의 배다른 형제의 아내, 헤로디아를 취하는 불법을 저질렀고, 그로 인해 이 요단 동편 광야에서 '회개하라' 외치던 세례 요한의 날카로운 비판을 피할 수 없었다.

진실을 감당할 수 없었던 헤롯 안티파스 왕은, 결국 진실을 외친 선지자를 이곳 마케루스의 차가운 동굴 감옥에 가두었다. 그리고 약 2년 뒤, 자신의 생일 연회에서 벌어진 향락과 광기 속에서, 의붓딸 살로메의 춤값으로 위대한 선지자의 머리를 요구하는 헤로디아의 계략에 넘어가고 말았다.

우리는 지금, 바로 그 피로 물든 연회장과 선지자의 마지막 숨결이 깃든 감옥을 향해 달리고 있었다.

## 구글 맵의 혼란: 마케루스를 향하는 길

구글 맵이 인도하는 곳으로 갔지만, 네비는 예상한 곳과 다른, 황량한 산 속으로 우리를 이끌었다. 긴장을 하며 길인 듯, 길이 아닌 듯 보이는 돌짝 길을 내려 가던 중, 저 멀리 산 아래에서 베두인의 낡은 집과 한가로운 양떼가 보였다.

우리가 길을 헤매는 것을 보았는지, 말이 통하지 않았지만, 연신 '마케루스' '마케루스'를 외치는 말에 이해를 했는지, 손짓하며 산 꼭대기 쪽을 가리켰다. 그의 손짓을 따라 다시 산을 오르고 좁은 길로 접어들자, 비로소 구글 맵이 제자리를 찾기 시작했다. 이제야 제대로 가는 구나, 안도한 것도 잠시였다. 길은 순식간에 점점 좁아지더니, 나중에는 차 한대가 겨우 지나갈 만한 벼랑길로 변했다. 그때 저 앞에서 걸어가던 한 쌍의 서양인 남녀가 뒤를 돌아 우리를 보더니 손을 들어 한 곳을 가리켰다.

그제야 깨달았다. 우리는 '마케루스 주차장'이 아닌, 유적지 '마케루스' 그 자체를 목적지로 찍었던 것이다. 기계는 정직하게도, 차가 갈 수 없는 산꼭대기까지 우리를 인도하려 했던 것이다.

이미 차 한대로 꽉 찬 길에서 차를 돌리는 것은 불가능했다. 옆은 아찔한 낭떠러지, 나는 식은땀을 흘리며 후진을 했고, 아내가 밖에서 길을 봐주는 것을 의지해 조심스럽게, 그러나 끝없이 차를 뒤로 빼기 시작했다. 한참의 후진 끝에 겨우 차를 돌릴 공간이 나왔고, 우리는 길가에 차를 세워두고 남은 길은 직접 오르기 시작했다.

길이 점점 좁아질 때, '아니다' 싶으면 멈춰 서는 지혜가 필요했었다. 하지만 나의 '노빠꾸' 정신이 우리를 낭떠러지 바로 옆, 더 큰 위기 속으로 몰아 넣을 뻔했다. 무작정 앞으로 나아가는 것만이 능사가 아니다. '이 길이 아닌가?' 하는 의심이 들 때, 잠시 멈춰 서서 다시 돌아보고 앞을 다시 생각해 보는 지혜가 필요하다. 그리고 만약 아니라면, 기꺼이 왔던 길을 되돌아갈 줄 아는 용기, 그것이 내게 부족했었다.

## 모든 환호성이 멈춘 곳, 마케루스

가파른 산길을 오를수록 시야는 점점 더 넓어졌다. 서쪽으로는 사해가 보였고, 그 너머 이스라엘의 산지가 손에 잡힐 듯 선명했다. 그제야 나는 헤롯 대왕이 왜 이 외딴 절벽 위에 세상을 호령하는 궁을 세웠는지 깨달았다. 이곳은 단순한 휴양지가 아니라, 사해 건너 예루살렘을 감시하고 언제 닥칠지 모를 위협에 맞서기 위한 그의 욕망과 불안이 빚어낸 견고한 망루였던 것이다.

그 모든 소동 끝에 마주한 마케루스 정상, 한때는 화려한 모자이크 바닥을 뽐내던 목욕 시설과 왕의 권세를 과시하는 연회장이 있었다. 그 연회장에서는 술에 취한 왕의 고함과 웃음소리, 요염한 음악에 맞춰 살로메가 춤을 추던 향락의 공간이었으리라. 그러나 지금 그 모든 소리는 바람 소리에 씻겨나가고, 깊은 침묵만이 폐허를 감돌았다. 앞서 길을 알려주었던 서양인 여행객 한 쌍과, 아내와 나, 단 네 사람뿐. 우리는 말을 잃은 채 그 고요함 속에 서 있었다.

그 텅 빈 폐허 위를 걷는 내내, 내 머릿속에는 학창 시절 배웠던 "오백 년 도읍지를 필마로 돌아드니, 산천은 의구하되 인걸은 간 데 없다."는 시조가 떠올랐다.

오백 년 고려의 도읍지를 찾았던 옛 선비의 허망함과, 2천 년 전 헤롯의 궁궐 터에 선 이방인 순례자의 마음은 조금도 다르지 않았다. 산천은 그대로이되 인간의 영화(榮華)는 덧없이 스러지고, 거대했던 욕망은 결국 한 줌의 먼지로 돌아가는 것. 마케루스의 폐허는 그 서글픈 진리를 말없이 웅변하고 있었다.

## 세례 요한의
## 동굴 감옥

마케루스 정상, 화려했던 연회장의 폐허를 뒤로하고 산을 내려오는 길에, 우리는 이 비극의 핵심, 세례 요한이 갇혔던 동굴 감옥을 찾았다. 몇 해 전에 와봤던 이곳은 다시 찾기에 조금 시간이 걸렸지만 이내 찾을 수 있었다. 여전히 그때나 지금이나 아무렇게나 방치되어 황량했다.

좁고 어두운 입구를 따라 안으로 들어서자, 두 개의 방으로 나뉜 차가운 공간이 나타났다. 황량한 돌벽과 한낮에도 빛 한 줌 들지 않는 칠흑

같은 어둠, 이곳이 바로 세례요한의 마지막 거처였다. 아무런 죄도 없이, 오직 진리를 외쳤다는 이유만으로 그는 이곳에 갇혔고, 결국은 목이 베였다.

그 차가운 어둠 속에서, 내 머릿속에는 러시아 화가 이반 크람스코이의 그림 '헤로디아'가 강렬하게 떠올랐다. 죽었지만 살아있는 듯한 쟁반에 담긴 세례 요한의 목을 바라보는, 화려해 보이지만 정작 죽어 보이는 헤로디아의 모습. 그 비극적인 장면이 겹쳐지며 그 비극적인 장면이 더욱 선명하게 느껴졌다.

## 험난한 골짜기를 지나, 쉼을 향하여

마케루스의 무거운 역사를 뒤로하고, 우리는 빗속에서 다시 오늘의 마지막 목적지를 향했다. 그곳은 이번 여행에서 가장 좋은 호텔이 있는 곳으로, 30년의 목회 여정을 함께 걸어준 아내를 위해 내가 몰래 준비한 깜짝 선물이었다. 나는 아내와 함께 이곳에서 이틀을 머물기로 계획했다.

사해를 옆에 둔 비탈길은 세상에서 가장 낮은 곳을 향해 아찔하게 이어졌다. 그리 멀지 않은 협곡에서 뿌연 증기가 피어오르는 것도 보였다. 헤롯 대왕도 피부병을 치료하기 위해 사해를 건너와 몸을 담갔다는, 세계 유일의 폭포 온천인 마인 온천이었다. 순간 발길을 돌리고픈 아쉬움

이 고개를 들었지만, 이번만큼은 마지막 목적지가 더 중요했다.

다시 좁고 구불구불한 내리막길, 긴장을 풀기 위해 우리는 함께 찬양을 부르기 시작했다. 찬양이 렌터카 안을 채우자, 비로소 쿵쾅대던 심장이 제자리를 찾았다. 돌이켜보니 오늘 하루, 우리는 요르단이 자랑하는 험난한 골짜기 3종 세트를 모두 경험한 셈이었다. 에돔과 모압을 가르던 세렛 골짜기, 모압과 아모리의 경계였던 아르논 골짜기, 그리고 헤롯의 욕망이 서린 마케루스에서 사해로 곤두박질치듯 내려온 바로 이 길까지. 우리의 심장을 몇 번이나 놀라게 한, 길고도 아찔한 하루였다.

## 숙소에서의 저녁,
## 그리고 작은 즐거움

험난했던 골짜기를 뒤로하고 마침내 도착한 숙소, 우리는 도착한 후 곧장 저녁 식사를 하러 갔다. 김치찌개와 된장국은 없었지만, 오이와 상추, 스프, 계란, 소시지 등으로 배를 채웠다. 오랜 여정으로 인해 내겐 아무리 고급 호텔이라도 김치찌개와 된장국이 없는 호텔은 그저 그런 호텔처럼 느껴졌다.

식사를 마치고 나온 로비는 작은 세상의 축소판 같았다. 한편에서는 현란한 밸리댄스 공연이 이국적인 분위기를 뽐내고 있었고, 다른 한편의 TV에서는 유럽 축구 하이라이트가 한창이었다. 이강인 선수가 골을 넣는 장면에, 나도 모르게 시선이 고정되었다. 목사님들 사이에서만큼은 축구로 둘째가라면 서러웠던, 열정으로 뜨거웠던 시간이 있었다. 이제는 부정맥 때문에 다시 공을 찰 수 없게 되었지만, 푸른 잔디를 향한 나의 사랑만큼은 조금도 녹슬지 않은 채였다.

아내와 나는 로비 한편의 카페에 앉아 커피를 마셨다. 화려한 춤과 격렬한 축구 경기를 배경음악 삼아, 우리는 비로소 우리 만의 여유를 즐기며 하루의 피로를 풀었다.

방으로 돌아오자, 문 하나를 사이에 두고 세상이 나뉘었다. 문밖은 여전히 음악 소리와 사람들의 웃음소리로 떠들썩했지만, 문 안은 불 꺼진

채 깊고 조용한 어둠에 잠겨 있었다. 문득, 이것이 우리네 인생 같다는 생각이 들었다. 화려하고 소란스러운 세상 속에 발을 딛고 살아가지만, 결국 각자의 삶은 고요하고 어두운 방 안에서 홀로 감당해야 하는 것, 그리고 어쩌면, 우리는 바로 그 고독한 공간에서 비로소, 하나님과 온전히 독대하는 것일지도 모른다.

## 2. 느보산: 밟지 못한 땅, 완성된 순종

### 느보산에서 모세를 만나다

다음 날 아침, 우리는 일찍 눈을 떴다. 오늘은 모세의 마지막 발자취를 따라 느보산에 올라 가나안 땅을 바라보고, 동로마 비잔틴 시대 지도 중 현존하는 가장 크고 세밀한 고대 모자이크 지도가 있는 마다바를 찾는 일정이었다. 그러나 하루는 종종 예상치 못한 기다림 앞에서 멈춰 서게 된다. 차에 시동이 걸리지 않았다. 호텔 프런트에 도움을 요청했고, 보험사를 통해 수리 기사가 오기로 했다. 느긋이 아침을 보낼 여유도 없이, 우리는 로비의 소파에 앉아 하염없이 시간을 흘려보냈다. 기다림은 길었고, 점심이 훌쩍 지나서야 겨우 문제가 해결되었다.

느보산 입구는 이미 전 세계에서 온 순례자들로 북적였다. 겨우 우리 차례가 되어 입장료를 냈지만, 군인 복장을 한 직원은 거스름 돈을 주지 않았다. 내가 돌려받지 못했다고 말하자, 그는 이미 주었다며 단호

하게 고개를 저었다. 잠시의 실랑이 끝에 CCTV를 확인하고서야 그는 마지못해 돈을 돌려주었다. 그의 손에 들린 몇 장의 지폐보다, 마음 속에 남은 씁쓸함이 더 컸다. 의도적인 기만이었을까? 아니면 단순한 실수였을까? 낯선 땅에서의 작은 경험 하나가 마음 속에 불신과 경계심이라는 작은 가시를 남겼다.

그러나 그 모든 마음의 소란은, 느보산 정상에 서는 순간 바람처럼 흩어졌다.

그곳에서, 나는 모세를 생각했다. 이집트 왕자로 살 수도 있었고, 당대 최강 대국의 파라오가 될 수도 있었던 사람. 그러나 그는 '하나님의 백성과 함께 고난받기를' 택했고, 그 부르심 앞에 세상의 모든 영광을 내려놓았다. 40년의 광야 생활, 그 기나긴 인고의 세월 끝에 마침내 다다른 이곳, 저 너머, 손에 잡힐 듯 아른거리는 약속의 땅을 바라보며 그는 무슨 생각을 했을까? 단 한 걸음만 더 내디디면 닿을 수 있는 그 땅을 밟지 못하고, 그저 바라만 보아야 했던 그의 마음을 감히 헤아려 보았다.

"하나님, 저도 건너가게 해주세요. 요단 저쪽에 있는 아름다운 땅, 아름다운 산과 레바논을 보게 하옵소서."(신명기 3:25)

그의 간절했던 기도가 귓가에 맴도는 듯하여, 나도 모르게 마음속으로 그 기도를 따라 읊조렸다. 그리고 깨달았다. 모세의 위대함은 약속의

땅을 밟았기 때문이 아니라, 밟지 못했음에도 불구하고 하나님의 뜻에 끝까지 순종했기 때문이라는 것을.

시간에 쫓겨, 고대 지도가 있는 마다바는 그야말로 주마간산 격으로 둘러볼 수밖에 없었다. 고대 중동 지역을 묘사하고 있고 특히 예루살렘과 나일강 삼각주 지역을 자세하게 보여주어 성경학자들과 역사학자들에게 중요한 자료로 평가 받고 있는 정교한 모자이크 지도를 통해 잠시나마 고대의 숨결을 느낀 것을 위안 삼으며, 우리는 어제 묵었던 숙소로 다시 돌아왔다.

## 여정의 끝자락에서, 다시 시작되는 꿈

이제 성지순례 중 남은 밤은 단 두 번. 오늘 밤과 내일 밤, 그리고 이 모든 풍경과 감동을 뒤로하고 다시 일상으로 돌아가야 한다. 조금만 더 여유롭게, 조금만 더 깊이 있게 이 땅을 걸을 수 있었다면 얼마나 좋았을까. 아쉬운 마음은 어쩔 수 없었다.

이 낯선 땅, 성경의 무대 한복판에서 하루를 마무리하며, 나는 문득 까마득한 신학생 시절의 나를 떠올렸다. 만약 그때로 돌아가 다시 전공을 택할 수 있다면, 내 마음은 주저 없이 '고대근동학(古代近東學)'을 선택했을 것이다. 오래된 돌무더기와 무너진 성벽 아래에서, 수천 년 잠들어 있던 말씀의 숨결을 찾아내는 학문, 성경을 책상 위 텍스트로만 읽는 것이 아니라, 바로 이 땅 위에서 발로 더듬고 눈으로 확인하며, 하나님의 역사를 입체적으로 증언하는 세계. 그것은 내게 참으로 매력적인 세계였다.

이번 여정은, 그저 잊고 지냈던 그 뜨거운 갈망이 내 안에 여전히 살아 숨 쉬고 있음을 다시금 일깨워 주었다. 물론 아쉬움은 남는다. 하지만 그 아쉬움마저 기도로 갈무리하며 낯선 땅의 밤하늘 아래 조용히 눈을 감는다. 하나님께서 허락하신 모든 순간이, 나의 남은 걸음과 사명을 이전보다 더욱 단단하게 벼려 주었음을 믿기 때문이다.
여정은 끝나가지만, 내 안의 순례는 이제 다시 시작이다.

# 3. 요단강: 경계선을 넘어 흐르는 은혜

## 검문소와
## 불닭볶음면 사이

새날, 새 아침. 우리는 예수님께서 세례를 받으신 요단강 세례터를 향해 우리의 '로시난테'를 몰았다. 한참을 달리자 저 멀리 관광버스와 사람들이 보였지만, 네비게이션은 계속 직진을 명했다. 마케루스에서의 경험을 교훈 삼지 못한 우리는, 이번에도 기계의 말을 더 믿어보기로 했다. 그 길의 끝에서 우리를 맞이한 것은 삼엄한 군 검문소였다. 이곳은 요르단과 이스라엘의 국경이 맞닿은 민감한 군사 지역이기에, 개별 차량의 접근이 통제되는 곳이었다. 군인은 우리에게 목적지를 묻더니, 아까 지나쳐 온 그 버스들이 많던 곳으로 돌아가 표를 끊고 셔틀버스를 타고 오라고 일러주었다. 또다시, 우리의 정직한 네비게이션은 '주차장'이 아닌 '목적지' 그 자체로 우리를 인도했던 것이다. 허탈한 웃음과 함께 차를 돌렸다.

다시 매표소로 돌아와 표를 사고 셔틀버스를 기다렸다. 셔틀버스는 그곳으로 가는 일행들을 시간을 두고 태워 운행하고 있었다. 모든 것이 계획보다 늦어지고 있었다. 마침내 우리도 각 나라에서 온 일행들과 함께 버스를 타고 가이드의 설명을 들으며 요단강으로 향했다. 유창한 영어 설명 속에서, 나는 혹시나 중요한 무언가를 놓칠세라 귀를 쫑긋 세웠지만 온전히 이해하기는 어려웠다. 안타까운 마음에 나는 가이드 옆에 바짝 붙어, 그가 말을 멈출 때마다 평소 궁금했던 것들을 물었다.

몇 번이고 같은 설명을 반복해야 하니 귀찮을 법도 한데, 그는 내가 한국에서 온 것을 알고 나서는 놀랍도록 친절하게 대해 주었다. 그의 친절함 속에서, 나는 세계 속에서 높아진 우리나라의 위상을 새삼 느꼈다. 며칠 전 페트라의 작은 구멍가게에서 '불닭볶음면'을 발견하고 놀랐던 기억이 떠올랐다. K-POP과 드라마뿐 아니라, 이제는 이 매운 라면까지. 대한민국의 힘은 정말 세계 구석구석까지 뻗어 있었다.

## 요단강 가에서, 흐르는 시간을 보다

마침내 요단강 앞에 섰을 때, 여기저기서 실망 섞인 수군거림이 들려왔다. 우리나라의 작은 시내와 다를 바 없는 강폭. "저 정도면 그냥 건너갈 수도 있겠는데?" 하는 수군거림이 들려왔다. 나 역시 성도님들에게 이 장소를 설명할 때면 늘 비슷한 질문을 받곤 했다. 그때마다 나는 '요단강은 긴 강줄기이기에 좁은 곳도, 넓은 곳도 있다'며, 성지순례를 다녀 온 분들이 좁은 곳만 보고 그렇게 말들을 한다고 설명하곤 했다. 그것이 내가 아는 최선의 답이었다.

그러나 그날, 나는 전혀 다른 차원의 깨달음과 마주했다.

내 눈을 사로잡은 것은 흐르는 강물이 아니라, 강에서 한참이나 떨어진 곳에 서 있는 낡은 정교회 건물이었다. 그리고 그 교회에서부터 강가까지, 우리가 꽤 오랫동안 수풀 사이를 걸어 들어왔다는 사실이 문득 떠올랐다. 순간, 흩어져 있던 모든 조각들이 하나의 거대한 그림으로 맞춰졌다.

BC 1400년경, 여호수아와 이스라엘 백성이 하나님의 기적으로 이 강을 건넜던 그날로부터 무려 3,400년의 세월이 흘렀다. 그 시간 동안 상류에서 밀려온 온 흙과 모래는 강바닥에 쌓이고 또 쌓여, 자연스레 강폭을 좁고 얕게 만들었을 것이다. 그렇다면 저 정교회는 어떨까? 로마의 콘스탄티누스 황제가 기독교를 공인한 AD 313년 이후에 세워졌을 저 건물. 그렇다면 당시에는 분명 요단강 바로 곁에 지어졌을 터였다.

아무런 이유 없이 허허벌판 한가운데 교회를 세웠을 리가 없지 않은가.

그렇다. 저 교회로부터 지금의 강가까지의 거리, 우리가 걸어 들어온 바로 그 수풀길이, 1,700년이라는 시간이 만들어 낸 '역사의 간격'이었던 것이다. 그 순간, 눈앞의 좁은 요단강은 더 이상 실망의 대상이 아니었다. 그것은 수천 년의 세월을 온몸으로 증언하는 살아있는 지층이었고, 성경의 기록이 신화가 아닌 명백한 사실임을 보여주는 가장 위대한 증거였다. 좁아진 강폭 앞에서, 나의 믿음은 오히려 더 넓고 깊어지고 있었다.

## 요단강, 장소의 논쟁을 넘어

마침내 우리는 예수님께서 세례를 받으신 장소, 요단강 건너편 베다니(Bethany Beyond the Jordan, 요한복음 1:28)에 도착했다. 흙빛 강물을 가운데 두고, 세계 각지에서 온 순례자들이 이스라엘과 요르단 양쪽 강가에서 각각 세례를 받고 있었다.

요르단 측에서는 "예수님께서 요단 동편에서 세례를 받으셨다"는 성경 말씀을 근거로 이곳이 '진짜'라고 힘주어 말한다. 물론, 강 건너 이스라엘 측에서도 이곳이나 그곳이나 같은 장소라고 주장한다. 그러나 그 좁은 강물을 사이에 둔 미묘한 신경전 앞에서, 나는 오히려 본질을 생각했다. 같은 강물이고, 사람이 그어놓은 경계선 하나가 있을 뿐이지 않은가. 중요한 것은 '어디서'가 아니라, 그 장소에 담긴 '그 뜻과 의미'가 아니겠는가.

아내는 맑게 쏟아지는 아침 햇살 아래, 조심스럽게 강물에 발을 담갔다. 그리고 한참 동안, 흐르는 강물에 자신의 모든 기도를 실어 보내는 듯 묵상에 잠겼다.

그 평화로운 풍경 옆에서는 '예수님이 세례 받으신 요단강 물'이라는 이름표를 붙인 작은 기념품 병들을 팔고 있었다. 그 모습을 보자, 언젠가 들었던 우스갯소리 하나가 떠올랐다. 요즘 교인들 사이에는 요단강 물

로 세례받은 '요단파'와 수돗물로 세례받은 '수도파'가 있다는 바로 그 농담이었다.

농담이 생각나 피식 웃으며 지나치려는데, 문득 '나중에 우리 교회에서 침례를 베풀 때, 이 귀한 물을 살짝 섞어주면 성도님들이 얼마나 기뻐하실까.' 그 생각에, 나도 모르게 발걸음을 멈추고 작은 병 두 개를 집어 들었다. 그 작은 병 두 개가, 우리에게 따뜻한 여유를 선물해 주었다.

## 4. 암만: 순례의 끝, 일상의 위로

### 요단강, 장소의 논쟁을 넘어

요단강의 깊은 울림을 뒤로하고, 우리는 요르단의 수도, 성경 속 '랍바 암몬'이자 로마 시대의 '필라델피아'였던 암만으로 들어섰다. 오랜만에 만나는 대도시의 활기, 그리고 무엇보다 그리웠던 한식을 맛볼 수 있다는 기대감이 우리를 반겼다.

이번 여행에서 두 번째로 찾은 한국 식당. 따뜻한 밥과 국은, 그 어떤 산해진미보다 지친 우리의 몸과 마음을 깊이 위로해 주었다. 식당의 인심 좋은 주인분은 우리에게 어디를 다녀오는 길이냐고 물었다. 우리가 빗속에서 세렛과 아르논 골짜기를 넘었다고 이야기하자, 주인분은 눈을 동그랗게 뜨며 손사래를 쳤다.

"그런 날씨에 거길 가다니요! 위험하게! 여기 사람들은 비 오는 날엔 그쪽 길은 아예 쳐다보지도 않습니다."

그 말을 듣고서야 아찔했던 순간들이 스쳐 지나갔다. 목적지만을 향하는 단순, 무식, 지독한 '단무지 정신'이, 무모한 용기가 되어 우리를 위험천만한 길 위로 이끌었던 것이다. 주인분의 다음 행선지를 묻는 말에, 우리는 내일 암몬 성에 들렀다 공항으로 갈 예정이라 답했다. 그러자 그는 암몬 성 앞에 아주 멋진 레스토랑이 있다며, 마지막 식사는 꼭 그곳에서 해보라고 추천해 주었다.

타국에서 만난 동포의 따뜻한 정과, 내일의 마지막 여정에 대한 작은 설렘을 안고 우리는 다시 차를 몰아 숙소로 향했다. 우리가 예약한 숙소는 호텔이라기보다, 동네 안쪽에 숨어있는 자그마한 모텔에 가까웠다. 땅거미가 내린 낯선 골목, 어두컴컴한 지하 주차장, 쥐 죽은 듯 조용한 주변 풍경. 여정의 첫날이었다면 분명 두려움이 앞섰을 법한 모습이었지만, 이상하게도 마음은 평온했다. 그 평온함 속에서, 나는 제법 단단해진 내 자신과 마주했다. 낯선 땅, 낯선 거리에서도 더는 마음이 흔들리지 않았다.

그렇다. 이 고된 순례의 여정이, 보이지 않는 우리 안에 무너지지 않을 무엇인가를 단단히 세워주고 있음이 분명했다.

## 암몬성,
## 전쟁과 욕망의 흔적 위에서

암몬성은 그야말로 장관이다. 도시 전체가 발아래 펼쳐지는 높은 언덕 위, 유적지는 수천 년의 역사를 품고 있었다. 성을 둘러싼 깊은 골짜기를 내려다보며, 문득 생각했다. 이 높은 난공불락의 성을 정복하려면, 얼마나 많은 군사들이 목숨을 걸고 이 가파른 언덕을 기어올라야 했을까?

이곳은 바로 다윗의 충신, 우리아가 장렬히 전사했던 비극의 전쟁터이기도 하다. 다윗은 한 여인을 탐하는 자신의 욕망을 위해, 가장 충직했던 병사를 가장 치열한 이곳으로 몰아넣어 죽게 했다. 그리고 그의 아내 밧세바를 빼앗았다. 장엄한 성채 앞에 서 있으니, 그 사건의 무게가 가슴 깊이 전해져 왔다.

예전에 이곳에 처음 왔을 때의 감동을 다시금 느끼고 싶어, 나는 성을 천천히, 아주 천천히 걸었다. 돌 하나, 벽 하나에도 세월의 흔적이 스며 있었고, 땅 위에 쌓인 먼지마저도 역사처럼 느껴졌다.

사람은 왜 싸우는가? 왜 서로를 미워하고 다투고 죽이는가? 역사 속 수많은 전쟁들처럼, 이 암몬성 역시 땅을 차지하고 권력을 얻으려는 인간의 욕망이 피로 새겨진 현장이었다. 땅을 차지하기 위해, 권력을 얻기 위해, 자기 욕심을 채우기 위해 사람들은 전쟁을 일으키고 목숨을 건다. 그러나 전쟁이 남기는 것은 늘 상처뿐이다. 폐허가 된 성벽, 잊혀진 이름들, 그리고 후회..

나는 이 웅장한 폐허 위에서 조용히 기도했다. 우리의 삶도 누군가의 눈물 위에 세워지는 일이 없기를. 누군가의 희생을 짓밟고 세워지는 성공이 아니라, 진실과 사랑 위에 세워지는 삶이 되기를.

## 마지막 창가에서 바라본 풍경

아내와 나는 어제 한인 식당 사장님이 추천해 준 레스토랑을 찾아 나

섰다. 식당은 관광객들이 주로 다니는 길이 아니라, 암몬성 뒤편 좁은 골목길을 따라가야 했다. 그 길은 확실히 달랐다. 차 한 대 겨우 지나갈 만큼의 골목, 변화함이라고는 찾아볼 수 없고, 아이들이 공을 차며 뛰어노는 소박한 일상의 공간이었다.

차가 지나가자 아이들은 고개를 돌려 우리를 바라봤다. 어떤 아이는 손을 흔들었고, 어떤 이는 왜 이런 좁은 길에 차를 몰고 왔느냐며 소리를 치기도 했다. 낯선 외국인 부부가 이 골목에 들어선 것이 놀라웠을 것이다. 우리는 그저 조용히, 미소를 머금은 채 천천히 차를 몰았다. 언덕 아래 큰 길로 내려와 다시 반대편 언덕을 올랐고, 드디어 그 레스토랑에 도착했다.

높은 지대에 자리한 레스토랑의 창가에 서자, 숨 막히는 풍경이 펼쳐졌다. 바로 눈앞에, 거대한 암몬성이 한눈에 들어왔다. 마치 시간의 경계 너머로 과거와 현재가 만나는 느낌이었다.

카페 바닥에는 철새의 이동 경로에 관한 지도가 그려져 있었는데, 이상하게도, 그 지도 위에는 '이스라엘'이라는 이름 대신 오직 '팔레스타인'이라는 글자만 선명했다. 이곳의 복잡한 역사와 민감한 정서가, 그 작은 지도 하나에 고스란히 담겨 있었다.

우리는 그곳에서 조용히 시간을 보냈다. 여행의 마지막 날, 예상치 못했던 감정들이 마음속에 차곡차곡 쌓여갔다. 커피를 마시며 창밖의 암몬성을 바라보는 아내의 얼굴도 더없이 평안해 보였다.

이제 곧 비행기를 타야 할 시간. 우리는 자리에서 일어나, 마지막까지도 새로운 질문과 깊은 여운을 남겨준 이 땅을 뒤로 하고 공항으로 향했다.

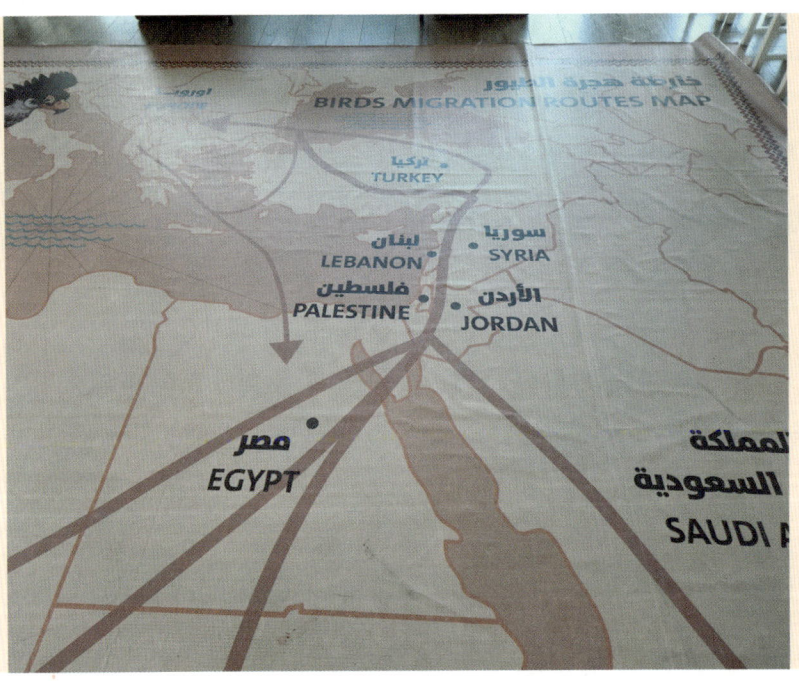

에필로그

## "돌아오는 길, 다시 삶의 자리로"

암만 공항. 낯선 땅에서 우리의 여정을 함께했던 렌터카를 반납하며, 문득 첫날의 긴장과 설렘이 떠올랐다. 그 모든 시간들이 벌써 지나갔다니 믿기지 않았다. 차창 너머로 보이는 이국의 풍경들, 그리고 그 길 위에서 함께 걷고 느꼈던 믿음의 길이 아직 마음 안에서 또렷하다.

우리는 카타르 항공 비행기에 몸을 실었다. 중간에 도하에서 잠시 머물렀다가 인천으로 향하는 항공편으로 갈아탔다. 창밖으로 서서히 멀어져가는 불빛들을 보며, 하나님께서 우리에게 허락하신 이 모든 시간이 얼마나 귀하고 복된 시간이었는지를 다시 한번 마음에 깊이 새겼다.

이번 여정은 단순한 여행이 아니었다. 성경 속 인물들의 발걸음을 따라 걷고, 그 땅의 메마른 먼지와 거친 바람을 직접 느끼며, 말씀을 가슴으로 품는 시간이었다. 그 길 위에서 나는 다시 배우고, 다시 깨어지고, 다시 헌신을 다짐했다.

무엇보다 이 귀한 시간과 경험을 가능케 해주신 우리 교회의 성도님들께 마음 깊이 감사드린다. 그 사랑과 기도, 물질의 후원이 있었기에 이 여정을 온전히 누릴 수 있었다. 그리고 나 자신에게도 다짐 해본다. 돌아가면 게으르지 않게, 더 많이 공부하고 더 깊이 연구하며, 이 땅에서 받은 은혜를 말씀으로, 삶으로, 성도들 앞에 충실히 되돌려 드리리라고.

주님의 땅을 밟고 돌아온 발걸음, 이제 다시 삶의 자리로 향한다. 그러나 이전보다 더 단단해진 마음으로, 더 선명한 눈으로, 더 따뜻한 가슴으로 그 길 위에 서 있을 것이다.